New York

Jörg von Uthmann

Reisen mit Erlebnis-Garantie

MERIAN-TopTen
Was Sie unbedingt sehen sollten

MERIAN-Tipps
Persönliche Empfehlungen unserer Autoren

MERIAN-Bewertung
Übernachten, Einkaufen, Essen und Trinken mit Flair

Für Familien
Für Eltern mit Kindern besonders geeignet

Tourenplaner
Damit Sie leichter ans Ziel kommen

4 **Eine Stadt stellt sich vor**

10 **Hotels und andere Unterkünfte**

18 **Essen und Trinken**

30 Essdolmetscher

32 **Unterwegs in New York**

34 Sehenswertes
50 Museen und Galerien
58 Einkaufen
67 Am Abend
74 **Extra:** New York mit Kindern

76 **Spaziergänge und Ausflüge**

Spaziergänge
78 Greenwich Village
83 Wall Street und Finanzdistrikt
86 Zwischen Village und Downtown

Ausflüge
88 Long Island – der Süden
90 Long Island – der Norden
91 Das Hudsontal
92 Atlantic City

94 **Wichtige Informationen**

96 New York von A–Z
104 Geschichte auf einen Blick
106 Sprachführer
108 Kartenatlas
124 Orts- und Sachregister
128 Impressum

Gigantische Dimensionen – die Zwillingstürme des World Trade Center (→ S. 49).

Der Autor:

Jörg von Uthmann
war über 20 Jahre lang Diplomat, bevor er sich von der FAZ abwerben ließ und 1985 als deren Korrespondent nach New York ging. Er hat mehrere Bücher über Amerika geschrieben, darunter »Volk ohne Eigenschaften« (1988) und »New York für Fortgeschrittene« (1994). Seine jüngsten Veröffentlichungen sind »Attentat« (1996) und »Das Buch der Laster« (1997).

Der Inbegriff des amerikanischen Schmelztiegels – und das aufregendste Freilichttheater der Welt: New York ist die bei weitem größte und schillerndste Stadt der USA.

Wer von New York spricht, meint zumeist Manhattan: Zwischen Hudson River und East River erstreckt sich New Yorks geografisches Zentrum.

Jahrzehntelang liebte es die europäische Presse, New York als Inferno von Drogenhändlern und Mafiosi, von Obdachlosen und Stadtstreichern hinzustellen. Neuerdings verfällt sie in das entgegengesetzte Extrem und beschuldigt Bürgermeister Giuliani, allzu rabiat für Sicherheit und Ordnung zu sorgen. Die Wahrheit liegt wie üblich irgendwo in der Mitte: Die Zahl der Gewaltverbrechen ist tatsächlich stark gesunken – nicht nur in New York, sondern in ganz Amerika. Zum Glück ist die Kriminalität in New York ungleich verteilt. In den von Touristen besuchten Gegenden hält sie sich in erträglichen Grenzen.

Doch dies ist nur die eine Seite: Mit 7,3 Millionen Einwohnern ist New York nicht nur die bei weitem größte Stadt der USA und – nach Tokio und Mexico City – die drittgrößte der Erde; ein vergleichbares kulturelles Angebot – 250 Theater, 80 Museen, 500 Kunstgalerien, 300 Kinos, 50 Fernsehprogramme, 130 Hochschulen – gibt es nirgendwo sonst. Was den Besucher überwältigt, sind aber nicht die Theater und Museen; es ist die einzigartige Vitalität dieser Stadt, mit der im Vergleich sogar Metropolen wie Paris und London etwas betulich wirken.

New York ist das aufregendste Freilichttheater der Welt: Die durch die Straßen hastenden Menschenmassen, die heulenden Krankenwagen, die trompetenden Feuerwehren, die Leuchtreklamen am Times Square, der selbstsichere Luxus der Park Avenue und der erschreckende Verfall der Bowery – all dies summiert sich zu einem rauschhaften Erlebnis, das der Filmemacher Walter Ruttmann vor 60 Jahren, auf das Vorkriegs-Berlin bezogen, die »Sinfonie einer Großstadt« genannt hat.

Für den Touristen ist New York im Wesentlichen identisch mit Manhattan – dem kleinsten der fünf Stadtteile (**boroughs**). Auf der schmalen Insel zwischen Hudson und East River findet er die meisten Hotels und Restaurants, die interessantesten Sehenswürdigkeiten, die Musicals und Jazzlokale, um derentwillen er die lange Reise auf sich genommen hat.

New York ist nicht nur Manhattan

Schon von weitem zu erkennen ist **Manhattans Skyline** – die einzigartige Silhouette von Wolkenkratzern, die das Stadtbild prägt. Wenn Sie Zeit haben, sollten Sie aber auch einen Blick auf die anderen Stadtteile werfen; im Kapitel »Sehenswertes« (→ S. 34) geben wir Ihnen dazu interessante Tipps.

New York ist eine Stadt mit vielen Gesichtern: In Astoria (Queens) gibt sie sich griechisch, in Williamsburg (Brooklyn) jüdisch, in Harlem sind die Bewohner schwarz, in Chinatown gelb. Auf der Park Avenue sind Ihre Chancen, alle 30 Sekunden einem Millionär in die Arme zu laufen, ebenso groß wie auf der Bowery einem Stadtstreicher. Den typischen New Yorker gibt es nicht. Typisch ist vielmehr das Nebeneinander der verschiedensten Völker und Lebensstile.

Oben: Das Chrysler Building ist New Yorks elegantester Wolkenkratzer *(→ S. 49).*

Mitte: Der New Yorker Bürgermeister Giuliani muss vor seinem Amtssitz Rede und Antwort stehen.

Unten: Die Schwarzen und die Hispanics aus Lateinamerika stellen die Mehrheit des New Yorker Bevölkerungsgemischs.

Eine besondere Reisezeit für New York gibt es nicht. Es ist immer etwas los. Meiden sollten Sie allerdings die Monate Juli und August: New York, das auf dem Breitengrad von Neapel liegt, kann im Sommer ungemütlich heiß sein. Die von uns empfohlenen Hotels haben natürlich alle Klimaanlage. Von Januar bis März sind eisige Temperaturen und Schnee keine Seltenheit. Insgesamt ist das Wetter weitaus sonniger als in Deutschland; vor allem der deutsche Nieselregen – ohne den es allerdings die deutsche Philosophie nicht gäbe – ist in Amerika so gut wie unbekannt.

In New York ist immer etwas los

Besonders schön ist New York im Oktober (»Indian Summer«) mit seinen wolkenlosen Himmeln und satten Herbstfarben. Im Dezember verwandelt sich die Stadt in eine vorweihnachtliche Einkaufsorgie.

MERIAN-Lesetipp

Wer tiefer in die Geheimnisse New Yorks eindringen will, findet sie in Jörg von Uthmanns **New York für Fortgeschrittene** (Hoffmann und Campe Verlag, 1994). Besonders die Freunde der unbekannten Seiten dieser vielschichtigen Stadt werden hier auf ihre Kosten kommen. Unter den englischsprachigen Reiseführern auf dem Buchmarkt ist der voluminöse **Blue Guide** der am besten informierende und gründlichste (Norton & Co, 1991).

Was die viel erörterte Sicherheit in New York angeht, die sich in den letzten Jahren deutlich zum Besseren gewandelt hat, so gibt es ein paar einfache Verhaltensregeln: Bereiten Sie sich auf Ihre Besichtigungen im Hotel vor, so dass Sie auf der Straße nicht schon von weitem als ortsunkundiger Tourist erkennbar sind. Wer auf dem Times Square, den Fotoapparat über der Schulter, Stadtpläne entfaltet, darf sich nicht wundern, wenn ihn die Diebeszunft als dankbares Opfer ansieht. Das Gleiche gilt für die Dame, die sich vor ihrem Hotel die Nase pudert: Es ist mehr als einmal vorgekommen, dass sie von einem Herrn angerempelt wurde, der sich liebenswürdig bei ihr entschuldigte; erst nachher stellte sie fest, dass ihre Handtasche verschwunden war. Meiden Sie nachts einsame Straßen, den Central Park und die Subway. Belebte Gegenden – wie das Theaterviertel am Broadway oder das Village – sind dagegen auch am späten Abend sicher.

Die letzte Volkszählung von 1990 hat einige bedeutsame Veränderungen ans Licht gebracht. Zum ersten Mal, seit die Manhattan-Indianer die Insel, die heute ihren Namen trägt, dem holländischen Gouverneur Peter Minnewit für 60 Gulden verkauften, sind die von den Europäern abstammenden **Caucasians** in der Minderheit. Von den 7,3 Millionen Einwohnern stellen sie nur noch 3,1 Millionen – weniger als die Schwarzen und Hispanics (zusammen 3,7 Millionen).

Das Völkergemisch unter einen Hut zu bekommen ist naturgemäß nicht leicht. Kein Wunder, dass das Nebeneinander der verschiedenen Hautfarben, Religionen und Lebensgewohnheiten vielen chaotisch vorkommt. Dabei ist New York – jedenfalls für US-Verhältnisse – eine sehr übersichtliche Stadt, in der sich auch der Fremde unschwer zurechtfindet.

Die Bevölkerung wird dunkler

Manhattans rechtwinkliges Straßennetz mit seinen breiten, von Süd nach Nord verlaufenden Avenuen und den von 1 bis 220 durchnummerierten Querstraßen wurde bereits im Jahre 1811 festgelegt.

Wagemutige Architekten – auch in stilistischer Hinsicht

Die Baugeschichte Manhattans lässt sich in zwei Schlagworten zusammenfassen: Wagemut und Eklektizismus. Die Platzknappheit auf der Insel führte dazu, dass man die technischen Möglichkeiten des Hochbaus ohne zu zögern aufgriff. Der erste Wolkenkratzer, das Woolworth Building, entstand im Jahre 1913. Drei Jahre später erließ die Stadtverwaltung als Reaktion auf den Bau des 42-stöckigen Equitable Building, dessen Schatten den unteren Broadway in eine düstere Schlucht zu verwandeln drohte, die erste Bauordnung Amerikas, die berühmte **Zoning Resolution** von 1916. Das von ihr für alle zukünftigen Hochbauten vorgeschriebene Modell der sich terrassenförmig nach oben verjüngenden Wolkenkratzer hat Architekturgeschichte gemacht. Auch in stilistischer Hinsicht hatten die Architekten keinerlei Berührungsängste. Renaissancepaläste, wie sie in Siena oder Florenz stehen, Triumphbögen wie in Paris, der Campanile von Venedig, die Giralda von Sevilla – sie alle sind in New York zu finden, dazu die größte gotische Kathedrale der Welt, an der immer noch gebaut wird. Das Wunderbare an dieser opulenten Vielfalt ist, dass sie nicht nur nicht stört – sie hat stattdessen eine Harmonie ganz eigener Art erzeugt, die an den anheimelnden Stilmischmasch englischer Herrenhäuser erinnert.

Während der dreißiger Jahre schleppten europäische Immigranten dann den Virus des »Internationalen Stils« ein. Sie bescherten New York die Klötze und Zigarrenkisten, die wir aus unseren eigenen Städten nur allzu gut kennen, und setzten obendrein die »Sanierung« der Third und Sixth Avenue durch, deren Baufluchten durch gesichtslose, von **Plazas** umgebene Bürosilos zerrissen wurden. Doch bestimmen sie glücklicherweise nicht das Stadtbild – umso weniger, als die New Yorker sich nicht scheuen, das, was ihnen missfällt, schon nach wenigen Jahrzehnten wieder abzureißen. Es kann Ihnen ohne weiteres passieren, dass, wenn Sie Ihre Hose von der Reinigung abholen wollen, nicht nur das Geschäft verschwunden ist, sondern das ganze Haus.

Hochkonjunktur für die Branche: Die New Yorker Hotels haben sich in den vergangenen Jahren sprunghaft vermehrt. Die meisten Häuser gehören allerdings zur Luxusklasse.

Für 3000 $ pro Nacht ist die Suite des amerikan ischen Präsidenten im »Waldorf« auch die Ihrige (→ S. 17).

Der Bauboom der achtziger Jahre hat New York mehr als 20 neue Hotels beschert. An preiswerten Herbergen herrscht jedoch immer noch Mangel.

Weniger als 80 Dollar für ein Doppelzimmer sollte man in New York nicht veranschlagen, wenn man nicht zerrissene Bettwäsche, zweifelhafte Gerüche und Kakerlaken in Kauf nehmen will. Doch selbst die großen Hotels bieten am Wochenende erstaunliche Preisnachlässe. Es lohnt sich immer, nach der **weekend rate** zu fragen. Anders als in Deutschland ist der Zimmerpreis in der Regel unabhängig von der Zahl der Personen, die dort nächtigen. Reserviert wird üblicherweise mit Kreditkarte, die auch das gängige Zahlungsmittel ist (American Express, Visa, MasterCard; Diners Club ist weniger verbreitet). Auf Fax buchen viele Hotels automatisch zum Höchstpreis oder ignorieren, wenn sie voll sind, die Bestellung.

Preisklassen

Die Preise gelten für zwei Personen im Doppelzimmer, ohne Frühstück.

★★★★ ab 300 $
★★★ ab 200 $
★★ ab 120 $
★ ab 80 $

Hotels

Algonquin M ■ C 14, S. 114
Dies ist das Lieblingshotel der literarischen Nostalgiker: Hier traf sich in den zwanziger und dreißiger Jahren die berühmte Tafelrunde mit Alexander Woollcott, Robert Benchley und Dorothy Parker zum Essen und Lästern. Noch heute kann man in der Blue Bar des Hotels von Zeit zu Zeit Mitarbeiter des »New Yorker« sichten, dessen Redaktion schräg gegenüber liegt. Die Räume sind zwar winzig, aber ausgesprochen hübsch und gemütlich möbliert.
59 West 44th Street (zwischen 5th und 6th Avenue); Tel. 840-6800, Fax 044-1419; U-Bahn: Times Square (a 3); 200 Zimmer ★★

Barbizon ■ D 12, S. 113
Gründlich renoviertes, angenehmes Hotel auf der Upper East Side. Die Zimmer sind klein, aber komfortabel. Fitnessklub mit Schwimmbad.
140 East 63rd Street/Ecke Lexington Avenue; Tel. 838-5700, Fax 753-0360; U-Bahn: Lexington Ave./59th St. (b 3); 368 Zimmer und 8 Suiten ★★★

Bedford ■ D 14, S. 115
Angenehmes, ruhiges Haus. Viele Räume mit Kochstelle. Hier wohnte die Familie Thomas Mann nach ihrer Flucht aus Hitler-Deutschland.
118 East 40th Street (zwischen Park und Lexington Avenue); Tel. 697-4800, Fax 697-1093; U-Bahn: Grand Central (b 3); 200 Zimmer ★★

Carlyle MMM ■ D 11, S. 113
Zurückhaltende Eleganz im europäischen Stil. Hier stieg John F. Kennedy ab, wenn er unbeobachtet sein wollte. Nicht wenige Millionäre unterhalten hier ein ständiges »Pied-à-terre«. Durchreisenden steht daher nur ein Drittel der Räume zur Verfügung.
35 East 76th Street/Ecke Madison Avenue; Tel. 744-1600, Fax 717-4682; U-Bahn: Lexington Ave./77th St. (b 2); 505 Zimmer ★★★★

Chelsea ■ C 15, S. 114
Noch ein Hotel für Nostalgiker: In dem Gebäude aus dem Jahre 1884 lebten Mark Twain, Thomas Wolfe, Tennessee Williams und viele andere literarische Größen. Vom früheren Glanz des Hauses ist freilich nicht mehr viel übrig geblieben: Man muss schon sehr in die Vergangenheit verliebt sein, um die ramponierte Gegenwart schön zu finden.
222 West 23rd Street (zwischen 7th und 8th Avenue); Tel./Fax 243-3700; U-Bahn: 7th Ave./23rd St. (b 4); 400 Zimmer ★★

Consulate ■ C 13, S. 114
Der Vorteil dieses einfachen, aber klimatisierten Hotels ist seine Nähe zu den Broadway-Theatern.
224 West 49th Street; Tel. 246-5252, Fax 245-2305; U-Bahn: 7th Ave./50th St. (b 3); 200 Zimmer ★

Doral Inn ■ D 13, S. 115
Unmittelbarer Nachbar des »Beverly«. Modern und praktisch eingerichtet. Fitnesscenter. Beliebt bei Flugpersonal und Reisegruppen: Lange Wartezeiten an der Rezeption sind nicht ungewöhnlich.
541 Lexington Avenue/49th Street; Tel. 755-1200, Fax 319-8344; U-Bahn: Lexington Ave./51st St. (b 3); 700 Zimmer ★★★

Dorset ■ C 13, S. 114
Ein unauffälliges, ruhiges Hotel in der Nachbarschaft des Museum of Modern Art. Aufmerksamer Service.
30 West 54th Street (zwischen 5th und 6th Avenue); Tel. 247-7300, Fax 581-0153; U-Bahn: 5th Ave./53rd St. (b 3); 200 Zimmer ★★★

Drake M ■ D 13, S. 115
Zentral gelegenes, gründlich renoviertes Haus; gehört jetzt zur Kette der Swissôtels. Erstklassiger Service.
400 Park Avenue/Ecke 56th Street; Tel. 421-0900, Fax 688-8053; U-Bahn: 5th Ave./53rd St. (b 3); 562 Zimmer ★★★★

Edison ■ C 14, S. 114
Attraktiv ist hier vor allem die Lage im Herzen des Theaterdistrikts. Times Square, die Broadway-Shows, Carnegie Hall – das alles können Sie von hier aus zu Fuß erreichen.
228 West 47th Street (zwischen Broadway und 8th Avenue); Tel. 840-5000, Fax 719-4541; U-Bahn: 7th Ave./50th St. (b 3); 1000 Zimmer ★★

Empire ■ B 12, S. 112
Gepflegtes Hotel am Lincoln Center. Im selben Haus befindet sich ein pfiffiges, nagelneues Restaurant namens »Iridium« mit sehr populärem Jazzkeller.
44 West 63rd Street (am Broadway); Tel. 265-7400, Fax 315-0349; U-Bahn: Lincoln Center (a 3); 600 Zimmer ★★

Essex House ■ C 13, S. 114
Dieses traditionsreiche Art-déco-Hotel am Central Park wurde von der japanischen Nikko-Kette übernommen und erfolgreich entstaubt. Von einigen Zimmern kann man einen grandiosen Ausblick auf den Central Park genießen.
160 Central Park South (zwischen 6th und 7th Ave.); Tel. 247-0300, Fax 315-1839; U-Bahn: Columbus Circle (a 3); 590 Zimmer ★★★

Grand Hyatt ■ D 14, S. 115
Mit der Verwandlung des seinerzeit heruntergekommenen »Commodore« ins glitzernde »Grand Hyatt« machte Baukrösus Donald Trump sein erstes großes Geld. Schon die Lobby mit ihren Wasserfällen und den tropischen Pflanzen ist ein Spektakel für sich.
42nd Street/Ecke Lexington Avenue; Tel. 883-1234, Fax 697-3772; U-Bahn: Grand Central (b 3); 1407 Zimmer ★★★★

Helmsley Middletowne ■ D 13, S. 115
Ein umgebautes Wohnhaus, das seinen privaten Charakter dankenswerterweise nicht verleugnet. Jeder Raum hat Kochgelegenheit, Suiten verfügen über einen Kamin.
148 East 48th Street (zwischen Lexington und 3rd Avenue); Tel. 755-3000, Fax 832-0261; U-Bahn: Lexington Ave./51st St. (b 3); 194 Zimmer ★★

Holiday Inn Crowne Plaza ■ C 13, S. 114
Ein Neuling der altbekannten Kette direkt am Broadway. Vom Restaurant schöner Blick auf den Times Square.
1605 Broadway/49th Street; Tel. 977-4000, Fax 333-7393; U-Bahn: 7th Ave./50th St. (a 3); 770 Zimmer ★★★

Hudson Hotel ■ B 13, S. 114
Der neueste Spross der vom französischen Designer Philippe Starck entworfenen Hotels: ein postmoderner Stilmix, schrill, verrückt und cool. Winzige Schlafzellen, aber überzeugendes Preis-Leistungs-Verhältnis.
356 West 58th Street (zw. 8th und 9th Avenue); Tel. 554-6000, Fax 554-6001; U-Bahn: Columbus Circle (a3); 1000 Zimmer ★★

Intercontinental M ■ D 13, S. 115
Das alte Barclay Hotel wurde perfekt renoviert. Es verbindet den Charme der Alten Welt mit dem Komfort der Neuen. Die stilvolle Lobby mit ihrem Oberlicht aus Tiffany-Glas ist ein wunderbarer Ort für romantische Rendezvous.
111 East 48th Street/Ecke Lexington Avenue; Tel. 755-5900, Fax 906-1575; U-Bahn: Lexington Ave./51st St. (b 3); 784 Zimmer ★★★★

Journey's End ■ D 14, S. 115
Das Hotel ist ein New Yorker Ableger einer preiswerten kanadischen Hotelkette. Die Zimmer beschränken sich auf das Notwendigste, sind aber proper und ruhig.
3 East 40th Street (zwischen 5th und Madison Avenue); Tel. 447-1500, Fax 827-0464; U-Bahn: Grand Central (b 3); 189 Zimmer ★★

Kitano ■ D 14, S. 115
Das einzige japanische Hotel in New York, allerdings mit Zugeständnissen an den westlichen Geschmack. Japanisches Restaurant und Teestube.
66 Park Avenue/Ecke 38th Street; Tel. 885-7000, Fax 885-7100; U-Bahn: Grand Central (b 3); 90 Zimmer ★★

Mayflower ■ C 12, S. 112
Gepflegtes Hotel nahe dem Lincoln Center, daher populär bei gastierenden Künstlern.
15 Central Park West/Ecke 61st Street; Tel. 265-0060, Fax 265-5098; U-Bahn: Columbus Circle (a 3); 377 Zimmer ★★★

Morgans M ■ D 14, S. 115
Unter den New Yorker Hotels »the hottest and the hippest«. Keine Lobby, minimalistisches Dekor in Grau und Schwarz, Badewannen aus Stahl – kurz: ein Haus mit eigener Note.
237 Madison Avenue (zwischen 37th und 38th Avenue); Tel. 686-0300, Fax 779-8352; U-Bahn: Grand Central (b 3); 154 Zimmer ★★★

New York Helmsley ■ E 14, S. 115
Die etwas bescheidenere Ausgabe des Helmsley (heute: New York) Palace gibt sich dennoch luxuriös genug.
212 East 42nd Street (zwischen 2nd und 3rd Avenue); Tel. 490-8900, Fax 986-4792; U-Bahn: Grand Central (b 3); 800 Zimmer ★★★

New York Hilton ■ C 13, S. 114
Das typische Tagungshotel – riesig, gesichtslos, komfortabel. Für Geschäftsleute gibt es Räume, wo sie diktieren und sich über die Börsenkurse unterrichten können.
1335 Avenue of the Americas (zwischen 53rd und 54th Street); Tel. 586-7000, Fax 315-1374; U-Bahn: Rockefeller Center (b 3); 2131 Zimmer ★★★

Parker Méridien ■ C 13, S. 114
Der extrovertierte Stil des Hauses und das Fitnesscenter (mit geheiztem Schwimmbad) finden vor allem beim Jetset Anklang. Die Carnegie Hall ist gleich nebenan.
118 West 56th Street (zwischen 6th und 7th Avenue); Tel. 245-5000, Fax 307-1776; U-Bahn: Columbus Circle (a 3); 1600 Zimmer ★★★★

Pickwick Arms ■ E 13, S. 115
Schlichtes, aber keineswegs schlechtes Haus in strategisch günstiger Lage. Einzelzimmer ohne Bad schon ab 70 $, mit Bad 105 $.
230 East 51st Street (zwischen 2nd und 3rd Avenue); Tel. 355-0300, Fax 755-5029; U-Bahn: Lexington Ave./51st St. (b 3); 400 Zimmer ★

Oben: Das Essex House gehört zu den traditionsreichsten und besten Hotels der Stadt (→ S. 13).

Mitte: New Yorks Hotels geben sich glamourös.

Unten: Seine Lobby, Lage und Geschichte haben das Plaza, Jahrgang 1907, zur Institution gemacht (→ S. 16).

Pierre M M M ■ D 12, S. 113
Ein europäischer Hotelpalast mitten im Herzen von Manhattan. Geräumige Zimmer; von den oberen Stockwerken blickt man auf den Central Park. Günstige Lage zwischen den Luxusgeschäften an der Fifth und Madison Avenue.
2 East 61st Street/Ecke 5th Avenue; Tel. 838-8000, Fax 940-8109; U-Bahn: 5th Ave./60th St. (b 3); 236 Zimmer ★★★★

Plaza M M M ■ C 13, S. 114
Die »Grand Old Lady« der New Yorker Hotellerie wurde unter der energischen Aufsicht von Ivana Trump generalüberholt und schließlich Donald Trumps Imperium einverleibt. Der frühere Glanz mag zwar inzwischen ein wenig verblasst sein, nichtsdestotrotz – der Palm Court mit seinem Orchester und der **Oak Room**, wo würdige Geschäftsleute erfolgreiche Abschlüsse begießen, gehören zu New York wie die Freiheitsstatue und die Mafia.
768 5th Avenue/Ecke Central Park South; Tel. 759-3000, Fax 759-3167; U-Bahn: 5th Ave./60th St. (b 3); 900 Zimmer ★★★★

5

Plaza-Athénée M M ■ D 12, S. 113
Das New Yorker Gegenstück zu seinem Namensvetter an der Avenue Montaigne in Paris. Hier fühlt sich der Gast in eine Periode irgendwo zwischen Louis XV und Directoire zurückversetzt.
37 East 64th Street (zwischen Madison und Park Avenue); Tel. 734-9100, Fax 772-0958; U-Bahn: Hunter College (b 3); 160 Zimmer, einschließlich 34 Suiten ★★★★

Quality Inn ■ C 13, S. 114
Einfaches, unlängst renoviertes Haus in der Nähe zum Times Square und den umliegenden Theatern.
157 West 47th Street (zwischen 6th und 7th Avenue); Tel. 768-3700, Fax 768-3403; U-Bahn: 7th Ave./50th St. (a 3); 200 Zimmer ★

Radisson ■ D 13, S. 115
Die Generalüberholung dieses gediegenen Hotels wurde soeben abgeschlossen. Beliebt bei Flugpersonal und UN-Diplomaten. Die Zimmer sind klein aber praktisch eingerichtet.
511 Lexington Avenue/Ecke 48th Street; Tel. 755-4400, Fax 751-4091; U-Bahn: Lexington Ave./51st St. (b 3); 800 Zimmer ★★★

Renaissance ■ C 13, S. 114
Ein spektakulärer Neuling am nördlichen Ende des Times Square. Von den Zimmern bieten sich atemberaubende Aussichten.
2 Times Square (zwischen 47th und 48th Street); Tel. 765-7676, Fax 765-1962; U-Bahn: 7th Ave./50th St. (a 3); 305 Zimmer ★★★

Ritz-Carlton M ■ C 13, S. 114
Nicht einem französischen Palais, sondern einem englischen Landhaus eifert dieses elegante Hotel nach. Antiquitäten, chintzbezogene Möbel, mit der Jahreszeit wechselnder Blumenschmuck geben dem Haus eine persönliche Note.
112 Central Park South; Tel. 757-1900, Fax 757-9620; U-Bahn: Columbus Circle (a 3); 240 Zimmer ★★★★

Royalton ■ C 14, S. 114
Bei deutschen Reisenden sehr beliebtes Art-déco-Haus à la »Morgans« in einem umgebauten Clubhaus. Der geballte Stilwille (von außen ist das Hotel als solches kaum zu erkennen, die Lobby erinnert am ehesten an einen Ozeandampfer) ist nicht jedermanns Sache. Aber wer mit dem Trend geht, wird sich hier auf der Höhe der Zeit fühlen.
44 West 44th Street; Tel. 869-4400, Fax 869-8965; U-Bahn: Times Square (a 3); 150 Zimmer ★★★

Sheraton Manhattan ■ C 13, S. 114
Die einfachere, kleinere und preiswertere Ausführung des gegenüber-

liegenden Sheraton New York, dafür aber mit Schwimmbad.
7th Avenue/51st Street; Tel. 581-3000, Fax 541-9219; U-Bahn: 7th Ave./50th St. (a 3); 660 Zimmer ★★

Sheraton New York ■ C 13, S. 114
Typisches gehobenes Tagungshotel.
811 7th Avenue/52nd Street; Tel. 581-1000, Fax 262-4410; U-Bahn: 7th Ave./50th St. (a 3); 1835 Zimmer ★★

St. Regis MM ■ D 13, S. 115
Dieser einem französischen Schloss nachempfundene Palast wurde für viel Geld generalüberholt und rühmt sich nun, die teuerste Herberge der Stadt zu sein. Das Restaurant »Lespinasse« bietet tatsächlich die raffinierteste Kost, die die Hotellerie der Stadt derzeit vorzuweisen hat (Nicht-Millionäre halten sich an das Prix-fixe-Menü zum Lunch).
Fifth Avenue/55th Street; Tel. 753-4500, Fax 787-3447; U-Bahn: Rockefeller Center (b 3); 313 Zimmer ★★★★

Tudor ■ E 14, S. 115
Tudor City – so heißt die in den zwanziger Jahren im Tudor-Stil gebaute Wohnsiedlung am östlichen Ende der 42. Straße. Auch das dazugehörige Hotel versucht, das Zeitalter von Heinrich VIII. heraufzubeschwören.
304 East 42nd Street (zwischen 1st und 2nd Avenue); Tel. 986-8800, Fax 986-1758; U-Bahn: Grand Central (b 3); 600 Zimmer ★★

Waldorf-Astoria MMM ■ D 13, S. 115
Neben dem Plaza New Yorks berühmtestes Hotel. Nachdem es in
2
den letzten Jahren etwas ins Schlittern geraten war, wurde es vom Hilton-Konzern – der es stolz sein »Flaggschiff« nennt – von Grund auf renoviert und erstrahlt wieder im alten Glanz. Zwischen den Zimmern gibt es nach Ausstattung und Größe erhebliche Unterschiede. Die obersten Stockwerke (28 bis 42) werden unter dem Namen »Waldorf Towers« wie ein eigenes Hotel geführt. Hier pflegen amerikanische Präsidenten abzusteigen, wenn sie New York besuchen. Für 3000 $ pro Nacht steht seine Suite auch gewöhnlichen Sterblichen zur Verfügung.
301 Park Avenue (zwischen 49th und 50th Street); Tel. 355-3000, Fax 872-7272; U-Bahn: Lexington Ave./51st St. (b 3); 1882 Zimmer ★★★★

Washington Square Hotel ■ c 2, S. 79
Hier wohnen vor allem junge Leute. Es liegt mitten in Greenwich Village.
103 Waverly Place; Tel. 777-9515, Fax 979-9373; U-Bahn: West 4th St. (b 4); 160 Zimmer ★

Wyndham ■ C 13, S. 114
Ruhiges, gemütliches Hotel, nahe 5th Avenue und Central Park. Wundern Sie sich nicht, wenn Sie hier manches Gesicht wiedertreffen, das Sie vom Kino kennen.
42 West 58th Street (zwischen 5th und 6th Avenue); Tel. 753-3500, Fax 754-5638; U-Bahn: Columbus Circle (a 3); 148 Zimmer ★★

Hotels in der Umgebung

Beekman Arms ■ a 1, S. 93
Eines der ältesten Hotels der Vereinigten Staaten: Hier stiegen schon George Washington und Thomas Jefferson ab. Erstklassige Küche. Mindestaufenthalt: zwei Tage.
4 Mill St. (Route 9), Rhinebeck; Tel./Fax (914) 876-7077; im Haupthaus 13 Zimmer, weitere 30 Zimmer in Nachbarhäusern ★

Post House ■ c 2, S. 93
Die nobelste Adresse in Southampton, gebaut im 17. und 18. Jh. Wenn Sie hier kein Zimmer bekommen, besuchen Sie das Restaurant.
136 Main Street, Southampton; Tel. (516) 283-1717; 7 Zimmer ★★

Alleine von Hamburgern ernährt sich kein Mensch. Auch der Amerikaner nicht. New York bietet Restaurants für jeden Geschmack und jeden Geldbeutel.

Hier werden Heiratsanträge garantiert angenommen: das River Café in Brooklyn (→ S. 28).

Wer will, kann in New York Kaviar oder Froschschenkel, Vitello tonnato oder Pekingente in erster Qualität genießen. Allein mit der deutschen Küche hapert es: Seitdem Lüchow's (sprich: Lutschaus) in der 14. Straße seine Pforten schloss, ist leider nichts Gleichwertiges mehr nachgewachsen. Aber wer reist schon nach New York, um dort das Gleiche zu essen, was er sonst jeden Tag haben kann?

Amerikanischen Kaffee oder auch das Bier wird der deutsche Kenner als zu schwach empfinden. Das reichhaltige Weinangebot (die kalifornischen Spitzenlagen stehen den ebenfalls offerierten französischen oder italienischen in nichts nach) wird ihm dagegen keine Wünsche offen lassen. Abgesehen von den auch bei uns reichlich bekannten Fastfood-Ketten bietet die amerikanische Küche eher Deftiges (Steaks in allen nur denkbaren Variationen) und Knackiges (Salate). Auch Fisch wird in der Regel in ausgezeichneter Qualität serviert.

Die Art der Küche lässt sich meist am Namen des Restaurants ablesen. In den Spitzenrestaurants ist eine Reservierung, manchmal schon mehrere Tage vorher, unabdingbar; auch in der mittleren Klasse empfiehlt sie sich. In den preiswerten Lokalen sind die Kellner häufig arbeitslose Tänzer oder Schauspieler: Wundern Sie sich also nicht, wenn die Bedienung gelegentlich etwas dilettantisch ausfällt. Was die Kleidung angeht, so sind die Amerikaner – entgegen einem verbreiteten Vorurteil – förmlicher als die Deutschen. Gute Restaurants legen Wert darauf, dass ihre Gäste mit Jacke und Schlips erscheinen. Wenn Sie Zweifel haben, erkundigen Sie sich bei der Tischvorbestellung nach dem **dress code**. Ist die Antwort **casual**, können Sie Ihr Jackett im Hotel lassen.

Gezahlt wird üblicherweise mit Kreditkarte (Visa, MasterCard, American Express; Diners Club ist weniger verbreitet). Das Trinkgeld ist in aller Regel nicht inbegriffen. Der Kellner – dessen Haupteinkünfte die von ihm kassierten Trinkgelder sind – erwartet einen Aufschlag von 15 %. Wer schwach im Kopfrechnen ist, mache es wie die New Yorker: Sie verdoppeln einfach die – stets gesondert ausgewiesene – Steuer (8,25 %) und fügen diese Summe dem Rechnungsbetrag hinzu. Wie alle Regeln hat auch diese Ausnahmen. Mancher Kellner ergreift von sich aus die Initiative und addiert selbst das Trinkgeld, wenn er Sie bei Tisch deutsch sprechen hört. Also jedes Mal die Rechnung prüfen!

Anders als in Deutschland stürzt sich der Gast nicht auf einen freien Tisch, sondern wartet, bis ihm ein Platz zugewiesen wird. Oft weisen auch Schilder in den Restaurants auf diese Spielregeln hin: »Please wait to be seated«. Streng verpönt ist es auch, sich nach deutscher Sitte zu Unbekannten an den Tisch zu setzen. Seit April 1995 darf in größeren New Yorker Restaurants (von 35 Plätzen an aufwärts) nur noch an der Bar geraucht werden. Und auch dort sind Pfeifen und Zigarren tabu. Das Gesetz ist den New Yorkern keineswegs – wie die Prohibition – von Fanatikern aufgezwungen worden, sondern entspricht der herrschenden Meinung in der amerikanischen Gesellschaft, die das Rauchen nicht mehr als harmloses Laster ansieht, sondern als lebensgefährliche Suchtkrankheit. Tragen Sie's mit Fassung!

Falls Sie nur einen einfachen Imbiss zu sich nehmen wollen, dann finden Sie in Ihrem Hotel und in jedem Häuserblock eine US-Institution, der Sie sich ohne Zögern anvertrauen können – den **Coffee Shop**. Mit einem Wiener Kaffeehaus hat der Coffee

Shop nichts zu tun, das heißt: Einen Obersg'spritzten und das Sechs-Uhr-Blatt wird man Ihnen nicht servieren, dafür aber jede Art von Sandwich, Omelette oder Hamburger und zum Nachtisch einen **apple pie**.

Preisklassen

Die Preise gelten für ein Menü ohne Getränke, Steuern und Trinkgeld.
★★★★ ab 60 $
★★★ ab 40 $
★★ ab 20 $
★ bis 20 $

Restaurants

America ■ D 16, S. 115
New Yorks lautestes Restaurant. Neonlicht, eine 20 m lange Bar, daneben eine Kopie der Freiheitsstatue – kurz gesagt: eine Sehenswürdigkeit für sich. Riesige Auswahl amerikanisch-mexikanischer Gerichte.
9 East 18th Street (zwischen 5th Avenue und Broadway); Tel. 505-2110; U-Bahn: Union Square (b 4); tgl. Dinner bis 23 Uhr, Fr und Sa bis 0.30 Uhr ★★

American Festival Café ■ C 13, S. 114
Hauptattraktion ist die zentrale Lage mitten im Rockefeller Center. Im Winter mag man den Schlittschuhläufern zuschauen; im Sommer belegt das Restaurant die Terrasse mit Beschlag. Amerikanische Standardgerichte.
20 West 50th Street (Aufzug auf dem Bürgersteig); Tel. 246-6699; U-Bahn: Rockefeller Center (b 3); tgl. Dinner bis 22.30 Uhr, So bis 21 Uhr ★★

Arizona 206 ■ D 12, S. 113
Haute Cuisine des Südwestens der USA in der anheimelnden Atmosphäre indianischer Lehmhäuser. Wer sparen will, isst nebenan im »Café«.
206 East 60th Street/Third Avenue; Tel. 838-0440; U-Bahn: Lexington Ave/59th St. (b 3); Mo–Sa Dinner bis 23 Uhr, So geschl.
★★★

Le Bernardin M M M ■ C 13, S. 114
Ein Ableger des gleichnamigen Pariser Restaurants; New Yorks bestes Fischlokal. Luxuriöse Ausstattung. Wer nicht Stammgast ist, wird mitunter etwas kühl behandelt.
155 West 51st Street (zwischen 6th und 7th Avenue); Tel. 489-1515; U-Bahn: Rockefeller Center (b 3); Mo–Fr bis 22.30 Uhr, Sa nur Dinner ★★★★

Café des Artistes M ■ C 12, S. 112
Eines der romantischsten Lokale New Yorks mit bukolischen Wandgemälden und opulenten Desserts. Die Qualität der übrigen Gerichte ist unter den Auguren umstritten; das allerdings tut der Beliebtheit des Ortes keinen Abbruch.
1 West 67th Street/Ecke Central Park West; Tel. 877-3500; U-Bahn: Lincoln Center (a 3); tgl. Dinner bis Mitternacht, So bis 23 Uhr
★★★

Café Luxembourg ■ B 12, S. 112
In der Umgebung des Lincoln Center die zuverlässigste Küche – Nouvelle Cuisine mit amerikanischen Akzenten. Minimalistische Art-déco-Atmosphäre.
200 West 70th Street (unweit Amsterdam Avenue); Tel. 873-7411; U-Bahn: Broadway/72nd St. (a 2); tgl. Dinner bis 0.30 Uhr, Fr und Sa bis 1.30 Uhr ★★★

Café Un Deux Trois ■ C 14, S. 114
Unter den meist zweifelhaften Etablissements der Gegend um den Times Square ist dieses Nobel-Bistro eine eher erfreuliche Ausnahme. Gut geeignet für einen Imbiss vor oder nach dem Theater. Herausragende französische Küche dürfen Sie freilich nicht erwarten. Während Sie auf das Essen warten, können Sie mit hauseigenen Buntstiften das Tischtuch bemalen.
123 West 44th Street (zwischen 6th und 7th Avenue); Tel. 354-4148; U-Bahn: Times Square (a 3); tgl. Dinner bis Mitternacht
★★

Il Cantinori M ■ D 17, S. 115
Das beste italienische Lokal im gesamten Village, sehr populär und daher leider oft ausgebucht. Das reichhaltige Angebot italienischer Weine verwirrt sogar Kenner. Zwanglose Atmosphäre.
32 East 10th Street (zwischen University Place und Broadway); Tel. 673-6044; U-Bahn: Broadway/8th St. (b 4); tgl. Dinner bis 23.30 Uhr, Fr und Sa bis Mitternacht ★★★

Carnegie Delicatessen ■ C 13, S. 114
In seinem Film »Broadway Danny Rose« hat Woody Allen diesem Nabel der New Yorker Theaterwelt ein Denkmal gesetzt. Ostjüdische (koschere) Küche in allen Variationen. Leider hat die Popularität die Sitten verdorben, und die Riesensandwiches sind manchmal schon etwas betagt.
854 7th Avenue (zwischen 54th und 55th Street); Tel. 757-2245; U-Bahn: 7th Ave./50th St. (a 3); tgl. bis 3.30 Uhr ★

Centro Vasco ■ C 15, S. 114
Hier gibt es frischen Hummer in allen erdenklichen Größen und zu studentischen Preisen.
159 West 23rd Street (zwischen 6th und 7th Avenue); Tel. 645-6224; U-Bahn: 7th Ave./23rd St. (a 4); tgl. 11–14.30 und 16.30–24 Uhr, Sa und So 14–1 Uhr ★

Chanterelle MMM ■ C 18, S. 116
Erlesene Küche in einer schäbigen Gegend. Im Stadtteil SoHo ist es mit Abstand die Nummer eins.
2 Harrison Street/Hudson Street; Tel. 966-6960; U-Bahn: West Broadway/Chambers (b 5); Di–Sa Dinner bis 22 Uhr ★★★★

Chez Josephine ■ C 14, S. 114
Jean-Claude Baker, eines der 13 Adoptivkinder von Josephine Baker, hat dem neuen Theaterviertel westlich der Ninth Avenue dieses französische Bistro beschert – mit Gemälden und Plakaten, die seine Adoptivmutter in verschiedenen Stadien der Entblößung zeigen. Klaviermusik.
414 West 42nd Street; Tel. 594-1925; U-Bahn: Times Square (a 3); Mo–Sa Dinner bis Mitternacht ★★★

Chin Chin ■ D 13, S. 115
Chinesische Nouvelle Cuisine in unaufdringlich-postmodernem Rahmen. Flottes Publikum.
216 East 49th Street; Tel. 888-4555; U-Bahn: Lexington Ave./51st St. (b 3); tgl. Dinner bis 23.30 Uhr ★★

Le Cirque 2000 MM ■ D 13, S. 115
Wer Luxus und gute Küche liebt und überdies der Prominenz beim Essen zuschauen will, kommt hier auf seine Kosten. Der Kampf um den richtigen Tisch gehört zu den Riten, mit denen

MERIAN-Tipp

Gage & Tollner Im ältesten Lokal von Brooklyn fühlen Sie sich wie auf einem Mississippi-Dampfer. Die würdigen schwarzen Kellner könnten Scarlett O'Hara und Rhett Butler bedienen. Glücklicherweise hat sich die Küche nach einem Schwächeanfall wieder aufgerappelt und bietet Gumbo, Krebssuppe und andere Köstlichkeiten aus Dixie. Nur die Weinkarte lässt zu wünschen übrig. Besonders empfehlenswert vor einer Veranstaltung in der nahen Brooklyn Academy of Music. 372 Fulton Street, Brooklyn; Tel. (718) 875-5181; U-Bahn: Borough Hall (d 6); Dinner bis 22, Fr und Sa bis 23, So bis 21 Uhr ★★★

Oben: Das jüdische Carnegie Deli hat seine Prominenz Woody Allen zu verdanken.

Mitte: Inspiriert vom Londoner Original – das Hard Rock Café (→ S. 24).

Unten: In Chinatown geht es deutlich chinesischer zu, als wir es von fernöstlichen Restaurants in Europa gewöhnt sind.

sich die New Yorker ihres Stellenwerts in der gesellschaftlichen Hackordnung vergewissern.
New York Palace Hotel, 455 Madison Avenue (zwischen 50th und 51st St.); Tel. 794-9292; U-Bahn: Lexington Ave./51st St. (b 3); Mo–Sa Dinner bis 22.30 Uhr ★★★★

Coffee Shop ■ D 16, S. 115
Zwangloses, simples, aber überaus populäres Lokal für junge Leute. Die brasiloide Küche ist mäßig, die Bedienung zerstreut, aber alle Beteiligten finden sich unsagbar hip.
29 Union Square West; Tel. 243-7969; U-Bahn: Union Square (b 4); durchgehend geöffnet ★★

Le Colonial M ■ D 13, S. 115
Erstklassige vietnamesische Küche mit dem Ambiente eines Tropenhotels der Jahrhundertwende. Zuvorkommender Service, der dem unkundigen Gast gern die exotische Speisekarte erklärt.
149 East 57th Street; Tel. 752-0808; U-Bahn: Lexington Ave./59th St. (b 3); tgl. Dinner bis 23 Uhr ★★

La Côte Basque MM ■ C 13, S. 114
Treffpunkt der New Yorker High Society, unsterblich geworden durch Truman Capote, der in seiner gleichnamigen Kurzgeschichte – streng genommen handelt es sich um ein Kapitel eines unvollendeten Romans – über seine reichen Freunde herzog und sich deren Gunst dadurch natürlich verscherzte. Damals war die Côte Basque noch auf der East Side, aber sie hat den Umzug auf die West Side unbeschädigt überstanden.
60 West 55th Street (zwischen 5th und 6th Avenue); Tel. 688-6525; U-Bahn: 5th Ave./53rd St. (b 3); Mo–Fr bis 22.30 Uhr, Sa nur Dinner ★★★★

Empire Diner ■ B 15, S. 116
In diesem Art-déco-Speisewagen bekommt man rund um die Uhr Uramerikanisches zu essen. Je später der Abend, umso pittoresker die Gäste. Die beste Zeit ist hier zwischen Mitternacht und drei Uhr morgens. Klaviermusik.
210 10th Avenue/Ecke 22nd Street; Tel. 243-2736; U-Bahn: 7th Ave./23rd St. (a 4); durchgehend geöffnet ★★

Four Seasons MMM ■ D 13, S. 115
Das bessere der beiden Restaurants in Mies van der Rohes klassischem Seagram Building, ein Treffpunkt der Berühmten und Mächtigen, besonders mittags zum **power lunch**. Am preiswertesten ist das **early dinner** für 37,50 $.
99 East 52nd Street (zwischen Park und Lexington Avenue); Tel. 754-9494; U-Bahn: Lexington Ave./51st St. (b 3); Mo–Sa Dinner bis 23.30 Uhr ★★★★

La Grenouille MM ■ D 13, S. 115
Sehr elegantes Midtown-Restaurant, berühmt für seinen extravaganten Blumenschmuck. Hier speisen die Liebhaber einer klassischen Küche, die sich nie ändert. Das Dinner kostet etwas weniger als ein Flug nach Paris.
3 East 52nd Street (nahe 5th Avenue); Tel. 752-1495; U-Bahn: Lexington Ave./51st St. (b 3); Mo–Fr bis 23.30 Uhr, Sa nur Dinner ★★★★

Hard Rock Café ■ C 13, S. 114
Wer Appetit auf ein Sandwich oder einen Burger hat und seine Verdauung durch dröhnende Rockmusik anregen will, ist hier richtig. Amüsante Memorabilien. Sehr beliebt bei Jugendlichen.
221 West 57th Street; Tel. 459-9320; U-Bahn: Columbus Circle (a 3); tgl. Dinner bis 0.30 Uhr ★

Hatsuhana ■ D 13, S. 115
Die japanische Küche ist bei New Yorkern sehr beliebt: Sie ist frisch, preiswert und macht nicht dick. Dazu trinkt man heißen Sake (Reiswein). Die beiden Hatsuhana-Restaurants gehören zu den besten ihrer Art.

17 East 48th Street; Tel. 355-3345; 237 Park Avenue/Ecke 46th Street; Tel. 661-3400; U-Bahn: Lexington Ave./51st St. (b 3); Mo–Fr Dinner bis 21.30 Uhr ★★★

Joe Allen ■ B 13, S. 114

Unter den vielen Gaststätten der »Restaurant Row« – so nennt sich die 46. Straße zwischen Eighth und Ninth Avenue – ist dieses eines der beliebtesten, besonders bei – beschäftigten oder arbeitslosen – Schauspielern. Die Küche ist deftig und schlicht.
326 West 46th Street (zwischen 8th und 9th Avenue); Tel. 581-6464; U-Bahn: Times Square (a 3); tgl. Dinner bis 2 Uhr ★★

Lutèce M M ■ E 13, S. 115

André Soltner, der legendäre Chef, hat sein Restaurant verkauft. Seine Küche galt viele Jahre lang als die beste (französische) New Yorks. Auch heute noch zählt sie zum oberen halben Dutzend.
249 East 50th Street (zwischen 2nd und 3rd Avenue); Tel. 752-2225; U-Bahn: Lexington Ave./51st St. (b 3); Di–Fr Lunch und Dinner, Mo und Sa nur Dinner bis 21.45 Uhr ★★★★

Mad. 61 ■ D 12, S. 113

Im Untergeschoss des Bekleidungshauses Barney's lunchen die hübschesten Models New Yorks. Pizzas, Risottos und andere Gerichte, die nicht dick machen. Hier rasten Augenmenschen beim Bummel auf der Madison Avenue.
660 Madison Avenue/61st Street; Tel. 833-2200; U-Bahn: Lexington Ave./59th St. (b 3); Mo–Sa Dinner bis 22.30 Uhr, So geschl. ★★

Manhattan Ocean Club M ■ C 13, S. 114

Vorzügliches Fischrestaurant in der Upper West Side. Da die Speisekarte die Fische mit Abbildungen versehen hat, können Sie – auch wenn Ihnen die Worte fehlen – Ihre Kenntnis der amerikanischen Fluss- und Meeresfauna zwanglos erweitern. Die Weine sind hervorragend, der Service gut.
57 West 58th Street (nahe 6th Avenue); Tel. 371-7777; U-Bahn: Columbus Circle (a 3); tgl. bis Mitternacht, Sa und So nur Dinner ★★★

Mitali East ■ E 17, S. 117

Die indischen Restaurants an der Sixth Street zwischen First und Second Avenue sind alle gut und preiswert. Im »Mitali East«, das besonders zu empfehlen ist, kann man sich sonntags am Büfett-Lunch satt essen.
334 East 6th Street (zwischen 1st und 2nd Avenue); Tel. 533-2508; U-Bahn: Astor Place (b 4); Mo–Do 16–24, Fr–So 12–24 Uhr ★

Monkey Bar ■ D 13, S. 115

Die jüngste Bastion der Nouvelle Cuisine à l'américaine, von den Gourmets unter den Yuppies sofort in einen Stützpunkt verwandelt.
Hotel Elysée, 60 East 54th Street (zwischen Park und Madison Ave.); Tel. 838-2600; U-Bahn: Lexington Ave./51st St. (b 3); Dinner bis 23, Fr, Sa bis 23.30 Uhr ★★★

Montrachet M M ■ D 18, S. 117

Eine der besten Adressen im Tribeca-District, dem »TRIangle BElow CAnal Street«. Das Dekor ist für New Yorker Verhältnisse eher schlicht, die Nouvelle Cuisine dafür umso anspruchsvoller. Die Bedienung lässt sich bisweilen sehr viel Zeit.
239 West Broadway (zwischen Walker und White Street); Tel. 219-2777; U-Bahn: Canal St. (b 5); Dinner Mo–Sa bis 23 Uhr, Lunch nur Fr ★★★

Nanni's ■ D 14, S. 115

Unprätentiöses, grundsolides italienisches Restaurant, erfreut sich seit Dekaden ungebrochener Beliebtheit.
146 East 46th Street (zwischen Lexington und 3rd Avenue); Tel. 697-4161; U-Bahn: Grand Central (b 3); Mo–Sa bis 23 Uhr, Sa nur Dinner ★★★

Odéon ■ D 19, S. 117
Das Gegenstück zum Café Luxembourg im Tribeca-District. In Ambiente (Art déco) und Küche (Nouvelle Cuisine à l'américaine) sind sich beide sehr ähnlich.
145 West Broadway/Ecke Thomas Street; Tel. 233-0507; U-Bahn: West Broadway/ Chambers St. (b 5); tgl. Dinner bis 2.30 Uhr, Fr und Sa bis 3 Uhr ★★★

One if by Land, Two if by Sea M ■ b 2, S. 79
Das stimmungsvollste Lokal – ein zweihundertjähriges Kutschenhaus mit Kamin und Klaviermusik – im Village. Kritiker finden es teuer und prätentiös. Der Name des Lokals stammt aus einem patriotischen Gedicht von Henry Wadsworth Longfellow.
17 Barrow Street (nahe 7th Avenue); Tel. 228-0822; U-Bahn: Christopher St. (b 4); tgl. nur Dinner bis Mitternacht, Fr und Sa bis 1 Uhr ★★★

Orsay M ■ D 11, S. 113
Wie in einer Pariser Brasserie kommt sich der Gast dieses Neulings der New Yorker Gourmet-Szene vor. Gute französische Küche, effizienter Service. Immer voll – also rechtzeitig vorbestellen!
1057 Lexington Avenue (75th Street); Tel. 517-6400; U-Bahn: Lexington Ave./77th St. (b2); tgl. Lunch 12–15, Dinner 17.30–23 Uhr ★★★

Oyster Bar ■ D 14, S. 115
Bahnhofsrestaurants werden von Feinschmeckern im Allgemeinen gemieden. Dieses ist eine Ausnahme. Gute Fischgerichte in großer Auswahl. Besonders gemütlich ist der »Saloon«.
Grand Central Station, Untergeschoss; Tel. 490-6650; U-Bahn: Grand Central (b 3); Mo–Fr Dinner bis 21.30 Uhr ★★★

Palio M ■ C 13, S. 114
Eleganter Italiener, der »Giorgio Armani« unter den New Yorker Restaurants, mit gelegentlichen Schwächeanfällen. In der Bar ein Wandgemälde von Sandro Chia.
151 West 51st Street (zwischen 6th und 7th Avenue); Tel. 245-4850; U-Bahn: 7th Ave./ 50th St. (a 3); Mo–Sa bis 23 Uhr, Sa nur Dinner ★★★★

Le Périgord ■ E 13, S. 115
Mittags bei Diplomaten beliebt (die Vereinten Nationen sind nicht weit), abends ausgesprochen ruhig. Wer mit dem Trend geht, wird das Restaurant vielleicht zu plüschig finden.
405 East 52nd Street (östlich 1st Avenue); Tel. 755-6244; U-Bahn: Lexington Ave./51st St. (b 3); Mo–Sa bis 22.30 Uhr, Sa nur Dinner ★★★★

Petrossian ■ C 13, S. 114
Kaviar ist die Spezialität des Hauses. Sehenswerte Art-déco-Ausstattung: Man fühlt sich wie in einem Hollywood-Musical der dreißiger Jahre.
182 West 58th Street/Ecke 7th Avenue; Tel. 245-2214; U-Bahn: Columbus Circle (a 3); Mo–Sa Dinner bis Mitternacht, bis 1 Uhr kalte Küche ★★★★

Pierre au Tunnel ■ C 13–14, S. 114
Wer sich vor oder nach einer Broadway-Show auf solide französische Art stärken will, wird diese bewährte Institution dankbar begrüßen.
250 West 47th Street (zwischen Broadway und 8th Ave.); Tel. 575-1220; U-Bahn: Times Square (a 3); Dinner bis 23.30 Uhr, So geschl. ★★

Pig Heaven ■ E 11, S. 113
Wer zünftig chinesisch essen will, aber die weite Reise nach Chinatown scheut, ist hier an der richtigen Adresse. Wie der Name sagt, ist Schwein in allen Inkarnationsformen die Spezialität des Hauses.
1540 2nd Avenue (zwischen 80th und 81st Street); Tel. 744-4333; U-Bahn: Lexington Ave./77th St. (b 2); Mo–Do Dinner bis Mitternacht, Fr und Sa bis 1 Uhr, So Lunch 11–15 Uhr ★★

Planet Hollywood ■ C 13, S. 114
Unter jungen Leuten derzeit das populärste Lokal. Dies hat weniger mit der Küche zu tun, die man als »Coffee Shop für gehobene Ansprüche« bezeichnen könnte, als mit den prominenten Eigentümern: Jeder hofft, dass sich Arnold Schwarzenegger oder einer seiner Leinwand-Kollegen in Person zeigt. Die Warteschlange auf der Straße ist offenbar ein Teil des Vergnügens. Kino-Memorabilien zieren die Wände, ein Souvenir-Laden ist angeschlossen.
140 West 57th Street (zwischen 6th und 7th Avenue); Tel. 333-7827; U-Bahn: Columbus Circle (a 3); tgl. 11–1.45 Uhr ★★

Le Relais ■ D 12, S. 113
Harmloses, aber anheimelndes Bistro mit schicker, vor allem weiblicher Klientel. Gerade richtig für einen Snack. Im Sommer kann man auch draußen sitzen.
712 Madison Avenue/63rd Street; Tel. 751-5108; U-Bahn: Lexington Ave./59th St. (b 3); tgl. Dinner bis 23 Uhr ★★★

Remi ■ C 13, S. 114
Unter einem überdimensionalen Canal-Grande-Fresko wird hier vorzügliche italienische Küche serviert. Im Atrium können Raucher ihrem Laster frönen.
145 West 53rd St. (7th Ave.); Tel. 581-4242; U-Bahn: 7th Ave./50th St. (b 3); 12–15, 18–23.30 Uhr, So nur Dinner ★★★

René Pujol ■ B 13, S. 114
Im Theaterviertel um den Broadway herum sind gute Restaurants rar. Dies ist eines von ihnen. Man fühlt sich hier wie in einem französischen Landgasthaus.
321 West 51st Street (zwischen 8th und 9th Avenue); Tel. 246-3023; U-Bahn: 7th Ave./50th St. (a 3); Mo–Sa bis 23.30 Uhr, Sa nur Dinner, im Juli geschl. ★★★

Nach wie vor tragen die Straßencafés viel zum typischen Ambiente des Greenwich Village bei (→ S. 78).

La Réserve ■ C 13, S. 114
Eines der besten Midtown-Lokale: elegantes Dekor, liebenswürdige Bedienung, französische Küche.
4 West 49th Street; Tel. 247-2993; U-Bahn: Rockefeller Center (b 3); Mo–Sa bis 23 Uhr, Sa nur Dinner ★★★★

La Ripaille ■ a 1, S. 79
Vorzügliche französische Küche in rustikaler Atmosphäre – im Village gibt es nicht viele Restaurants dieser Qualität.
605 Hudson Street (zwischen 12th und Bethune Street); Tel. 255-4406; U-Bahn: 8th Ave./14th St. (a 4); Mo–Sa bis 23.30 Uhr, Sa nur Dinner ★★★

River Café M M ■ F 19, S. 117
Was hier zählt, ist der Blick, besonders am Abend: Das Lichtermeer von 3 Downtown Manhattan ist unwiderstehlich. Die amerikanische Küche ist dem großen Anspruch, mit dem sie auftritt, nicht immer gewachsen. Auch ein Drink auf der Terrasse lohnt sich.
1 Water Street, Brooklyn (unter der Brooklyn Bridge); Tel. 718-522-5200; U-Bahn: High St. (d 6); tgl. Dinner bis 23 Uhr, Fr und Sa bis 23.30 Uhr ★★★★

The Russian Tea Room M ■ C 13, S. 114
Ein New Yorker Denkmal in Rot, Grün und Gold, unmittelbar neben Carnegie Hall, vor kurzem gründlich renoviert. Wer mittelprächtige russische Küche und festliche Atmosphäre liebt, ist hier gut aufgehoben. Für Promi-Watchers.
150 West 57th Street (zwischen 6th und 7th Avenue); Tel. 265-0947; U-Bahn: Columbus Circle (a 3); tgl. Dinner bis 23.30 Uhr ★★★

Shun Lee West ■ B 12, S. 112
Erstklassige chinesische Küche in spektakulärem Rahmen und zu sehr vernünftigen Preisen. Probieren Sie die Peking-Ente! Kleine Snacks, darunter die köstlichen Dim Sum, werden im benachbarten »Café« serviert.
43 West 66th Street (Broadway); Tel. 595-8895; U-Bahn: Lincoln Center (a 3); Dinner bis 24 Uhr, So bis 22.30 Uhr ★★

Smith & Wollensky ■ D 13, S. 115
Eines der führenden Steak-Häuser der Stadt. Erstklassige Weine. Im Sommer kann man draußen sitzen.
201 East 49th Street/Ecke 3rd Avenue; Tel. 753-1530; U-Bahn: Lexington/51st St. (b 3); tgl. bis Mitternacht, Sa und So nur Dinner ★★★

Swifty's ■ D 11, S. 113
Nachdem Mortimer's, der Treffpunkt der East-Side-Schickeria, seinen Geist aufgegeben hatte, zogen Personal und Klientel in diese neue Stätte. Die Nahrung geht über Coffee-Shop-Niveau kaum hinaus, aber das piekfeine Publikum hat mindestens drei Michelin-Sterne verdient.
1007 Lexington Avenue (zwischen 72nd und 73rd Street); Tel. 535-6000; U-Bahn: Lexington Ave./77th St. (b2); tgl. Lunch 12–15, Dinner 18–23 Uhr ★★

Tavern on the Green ■ C 12, S. 112
New Yorker Gourmets nehmen dieses Lokal – das einzige im Central Park – nicht ganz ernst. Aber die unvergleichliche Lage und das theatralische Dekor ziehen Tag für Tag Hunderte von Gästen an. Im Chestnut Room isst man gemütlich, im Chrystal Room fürstlich.
Central Park West und 67th Street; Tel. 873-3200; U-Bahn: Lincoln Center (a 3); tgl. Dinner bis 24, Fr und Sa bis 1 Uhr ★★★

Time Café ■ D 17, S. 117
In der luftigen Halle mischen sich Professoren und Studenten der nahe gelegenen New York University mit schicken Ausflüglern aus den begüterten Stadtteilen. Raucher sind auf der Straßenterrasse willkommen.
380 Lafayette St. (Great Jones St.); Tel. 533-7000; U-Bahn: Astor Place (b 4); tgl. 12–24, Sa 12–1 Uhr ★★

Tribeca Grill ■ D 18, S. 117
Einer der sympathischsten Neulinge der New Yorker Gastronomie, eine Gründung von Robert de Niro zusammen mit anderen Filmgrößen. Spartanische Eleganz, solide italienisch-amerikanische Küche, ein attraktives Publikum.
375 Greenwich Street/Ecke Franklin Street; Tel. 941-3900; U-Bahn: Franklin St. (b 5); tgl. Dinner bis 23 Uhr ★★★

Vong M ■ D 13, S. 115
Ebenso exotische wie exquisite Küche, die französische und thailändische Elemente auf höchst originelle Weise miteinander verbindet. Nichts für Lärmempfindliche.
200 East 54th Street/Third Avenue; Tel. 486-9592; U-Bahn: Lexington Ave./51st St. (b 3); Dinner bis 23 Uhr, So bis 22 Uhr, Sa und So mittags geschl. ★★★

Windows on the World M ■ D 19, S. 117
Hierher führen die New Yorker gerne Besucher aus, die sie beeindrucken wollen – nicht mit der Küche, sondern mit dem Blick auf Manhattan: Höher geht's wirklich nicht. Riesiger Weinkeller (angesichts dieser Gipfellage zugegeben ein etwas absurder Begriff): 100 Weine stehen auf der gewöhnlichen Karte, 800 auf der kompletten, die auf Verlangen vorgelegt wird. Im Windows of the World herrschen strenge Bekleidungsvorschriften: Jeans und Turnschuhe sind tabu.
One World Trade Center, 107. Etage; Tel. 524-7033; U-Bahn: Cortlandt St. (b 6); nur Dinner (bis 22 Uhr), Snacks in der Bar (12–24 Uhr) ★★★

Cafés und Eisdielen

Caffè Reggio ■ c 3, S. 79
Seit 1927 eine Institution im Village, ideal zum **people watching**.
119 Mac Dougal Street; Tel. 475-9557; U-Bahn: West 4th St. (b 4); tgl. 9–14 Uhr, an Wochenenden bis 4 Uhr

Der »Coffee Shop« – eine amerikanische Institution und an jeder Ecke anzutreffen.

Garden Café ■ C 13, S. 114
Kunstfreunde verbinden den Besuch des Museum of Modern Art mit einem Snack im Gartencafé des Museums.
11 West 53rd Street (zwischen 5th und 6th Avenue); U-Bahn: Rockefeller Center (b 3); tgl. außer Mi 11–18 Uhr, Do, Fr bis 21 Uhr

Palm Court ■ D 13, S. 115
Bei Geigenklängen und Sahnetorte kommt man sich vor wie in den Zeiten der seligen Queen Victoria.
Plaza Hotel, 768 Fifth Avenue; Tel. 546-5350; U-Bahn: 5th Ave./60th St. (b 3); tgl. bis 23 Uhr

Serendipity ■ D 12, S. 113
Eine ergötzliche Mischung aus Spielzeugladen, Eisdiele und Snackbar – ideal für einen Happen nach dem Einkaufsbummel bei Bloomingdale's oder dem Besuch eines der Kinos an der Third Avenue.
225 East 60th Street (zwischen 2nd und 3rd Avenue); Tel. 838-3531; U-Bahn: Lexington Ave./59th St. (b 3); tgl. bis Mitternacht, Fr bis 1 Uhr, Sa bis 2 Uhr ★★

Im Restaurant

Die Speisekarte bitte	*Could I see the menu please?*
Die Rechnung bitte	*Could I have the check please?*
Ich hätte gern einen Kaffee	*I would like to have a cup of coffee*
Auf Ihr Wohl	*cheers*
Wo finde ich die Toiletten (Damen/Herren)?	*Where are the washrooms (ladies/gents)?*
Kellner	*waiter*
Frühstück	*breakfast*
Mittagessen	*lunch*
Abendessen	*dinner*

A

appetizer: Vorspeise
asparagus: Spargel

B

bacon: Speck
bagel: hartes (jüdisches) Brötchen
beans: Bohnen
beer on tap: Bier vom Fass
bisque: Hummer- oder Krebssuppe
boiled: gekocht
braised: geschmort, gedünstet
bread: Brot
broiled: gegrillt
bun: weiches Brötchen

C

cabbage: Kohl
cake: Kuchen, Torte
candy: Bonbons, Süßigkeiten
casserole: Eintopfgericht
cauliflower: Blumenkohl
cereal: Getreideflocken
chanterelles: Pfifferlinge
cheese: Käse
– cake: Käsekuchen
chicken: Huhn
chop: Kotelett
chowder: dicke Suppe von Fisch, Fleisch oder Schalentieren
clams: Muscheln
cod: Kabeljau
coffee: Kaffee
cole slaw: Krautsalat
corn: Mais
crab: Taschenkrebs
crawfish: Krebs
crayfish: Flusskrebs
cucumber: Gurke
cutlet: Schnitzel

D

decaf: koffeinfreier Kaffee
dessert: Nachtisch
domestic beer: einheimisches Bier
duck: Ente
dumplings: Klöße

E

egg: Ei
entrée: Hauptgang (in Frankreich Vorspeise)

F

french fries: Pommes frites
fried: in der Pfanne gebraten
– eggs: Spiegeleier
– potatoes: Bratkartoffeln
fruit: Obst
– juice: Fruchtsaft

G

garlic: Knoblauch
goose: Gans

H

haddock: Schellfisch
halibut: Heilbutt
ham: Schinken
herbal tea: Kräutertee
horseradish: Meerrettich

K

kidneys: Nieren
knuckels: Haxe

L

lamb chop: Lammkotelett
leek: Lauch, Porree
leg of lamb: Lammkeule
lemon: Zitrone
lettuce: Kopfsalat
liver: Leber
lobster: Hummer
loin: Lendenstück

M
mashed potatoes: Kartoffelbrei
meat: Fleisch
– balls: Fleischklößchen
medium rare: halb durchgebraten
muffin: kleines, rundes Gebäck
mushrooms: Pilze
mussels: Miesmuscheln
mustard: Senf

N
night cap: Schlummertrunk, letzte Bestellung
noodles: Nudeln
nuts: Nüsse

O
onions: Zwiebeln
orange juice: Orangensaft
oysters: Austern

P
pancake: Pfannkuchen
partridge: Rebhuhn
pastry: Gebäck, Kuchen
peach: Pfirsich
pear: Birne
peas: Erbsen
pepper: Pfeffer
pie: Pastete, Torte
pineapple: Ananas
pork: Schweinefleisch
porridge: Haferbrei
porterhouse steak: großes Steak mit Filetstück und Knochen
potatoes: Kartoffeln
poultry: Geflügel
prawn: Garnele
prunes: Backpflaumen
pumpkin: Kürbis

R
rabbit: Kaninchen
radish: Radieschen, Rettich
raisins: Rosinen
rare: fast roh
rarebit: überbackener Toast
raspberries: Himbeeren
roast: Braten
roasted: im Ofen gebraten
roll: Brötchen

S
salmon: Lachs
salt: Salz
sausage: Wurst
scrambled eggs: Rühreier
sea-food: Meeresfrüchte
sirloin steak: Lendensteak
slice: Scheibe
smoked: geräuchert
snapper: Tiefseefisch
soft boiled egg: weich gekochtes Ei
sole: Seezunge
soup: Suppe
sour cream: saure Sahne
spareribs: Rippchen
spinach: Spinat
steamed: gedämpft
stewed: geschmort
stout beer: dunkles, starkes Bier
strawberries: Erdbeeren
sugar: Zucker
sweetbread: Kalbsbries

T
tart: Törtchen
T-bone steak: Steak mit Filetstück und Knochen
tea: Tee
tenderloin: Filetstück
tomato juice: Tomatensaft
trout: Forelle
tuna fish: Thunfisch
turbot: Steinbutt
turkey: Truthahn
turnips: weiße Rüben
turtle: Schildkröte

V
veal: Kalbfleisch
vegetables: Gemüse
vinegar: Essig

W
wafers: dünne Waffeln
walnut: Walnuss
whipped cream: Schlagsahne
white cabbage: Weißkohl
wine: Wein
– by the glass: offener Wein
– red wine: Rotwein
– white wine: Weißwein

Die Zeit in New York wird rasch knapp.

Unzählige Sehenswürdigkeiten und Einkaufsmeilen ziehen den Besucher in Bann – von den Verführungen des Nachtlebens ganz zu schweigen.

Der Times Square, das Theater-Mekka und Glitzer-Dreieck zwischen Broadway, 42nd Street und 7th Avenue *(→ S. 48).*

Im Vergleich zu den Metropolen

Europas ist New York eine junge Stadt. Trotzdem fehlt es nicht an einer großen Zahl von eindrucksvollen historischen Zeugnissen.

Vergessen Sie aber darüber nicht die Gegenwart: Im Garment District oder in ethnisch geprägten Vierteln wie Chinatown und Harlem lässt sich der Charakter dieser einzigartigen Stadt viel besser erfühlen als in einem Kirchenschiff. Und da New York zu den wenigen amerikanischen Großstädten gehört, die man zu Fuß erkunden kann, lassen sich die meisten der Sehenswürdigkeiten auch zu Fuß erreichen. Für größere Strecken empfehlen sich allerdings die öffentlichen Verkehrsmittel, also U-Bahn (Subway), Bus oder Taxi.

Auch wer wenig Englisch spricht, findet sich in New York leicht zurecht. Wer sich dennoch lieber einem ortskundigen Führer anvertrauen will, was sich vielleicht für den nicht ganz ungefährlichen Stadtteil Harlem empfiehlt, sei auf das Kapitel »New York von A–Z« (→ Stadtrundfahrten, S. 101) verwiesen. Die Erforschung der Stadt beginnt üblicherweise in der Gegend um das Rockefeller Center. Die Wall Street sollte man an einem Werktag besichtigen, am Wochenende ist sie wie ausgestorben. Der erste Abendbummel führt den erfahrenen Globetrotter ins »Village«.

Sehenswertes

Battery Park ■ D 20, S. 117
Park an der Südspitze von Manhattan, lohnend vor allem wegen seines wunderbaren Blicks auf die Hudson Bucht und die Freiheitsstatue. Ein Denkmal erinnert daran, dass im April 1524 der Florentiner Kaufmann Giovanni da Verrazano als erster Europäer Manhattan sichtete.

Der etwas düstere Rundbau am Nordende des Parks ist das **Castle Clinton**. Ursprünglich als Festung gebaut, diente es später als Konzertsaal, Aquarium und Einwanderungszentrum. Zwischen 1855 und 1892, als das Zentrum auf das vorgelagerte Ellis Island verlegt wurde, betraten hier mehr als sieben Millionen Immigranten das Land ihrer Sehnsucht.

Nördlich davon entstand die **Battery Park City**, ein ganz neues Viertel, dessen Grund und Boden dem Wasser abgerungen wurde. Hier finden Sie Manhattans einzige Uferpromenade und den Winter Garden, eine eindrucksvolle Glasgalerie mit Läden und Cafés. Im Osten des Parks erheben sich die Wolkenkratzer des Finanzdistrikts (→ Wall Street, S. 83).

Ein stärkerer Kontrast zur Wolkenkratzer-Architektur ist kaum vorstellbar: Trinity Church (→ S. 83).

Broadway ■ A 1–D 20, S. 108/117
Mit 21 km ist der Broadway New Yorks längste Straße. Sie beginnt am Bowling Green an der Südspitze Manhattans und endet ganz im Norden in der Bronx. Im engeren Sinne ist mit dem Broadway der Theaterdistrikt nördlich des Times Square gemeint – neben dem Londoner Westend die dichteste Konzentration von Bühnen auf dem Globus. Unzählig die (Musik-) Theaterstücke, die hier ihre Uraufführung erlebten. Wer ein Musical sehen will, ist hier an der richtigen Adresse (→ Am Abend, S. 67).
U-Bahn: Times Square (a 3)

Brooklyn Bridge ■ EF 19, S. 117
Unter den New Yorker Brücken die historisch bedeutsamste und trotz nachgewachsener Konkurrenz wohl immer noch schönste – als »Stahlharfe« von Dichtern besungen und von Malern gemalt. Bei ihrer Einweihung 1883 wurde sie als technisches Wunder, vergleichbar dem Suezkanal, bestaunt: Damals war sie die längste Hängebrücke der Welt.

Entworfen wurde sie 1869 von dem aus Thüringen eingewanderten Ingenieur **Johann August Röbling**. Kurz nach Genehmigung seines Entwurfs fiel Röbling einem Arbeitsunfall zum Opfer: Sein Fuß musste amputiert werden; eine Blutvergiftung setzte ein, an der er starb. Sein Sohn Washington übernahm die Leitung des Baus, der unter schwierigsten Bedingungen langsam Fortschritte machte. Um bei den Erdarbeiten das Eindringen von Wasser zu verhindern, konstruierte Röbling junior Überdruckkammern, an die sich die Arbeiter täglich graduell gewöhnen mussten. Trotzdem kam es immer wieder zu geplatzten Trommelfellen, ja sogar zu Todesopfern; auch Röbling selbst wurde durch die »Taucherkrankheit« mehrmals außer Gefecht gesetzt. Eine Woche nach der Eröffnung stolperte eine Frau auf der Treppe. Ihr Geschrei führte zu einer Panik, bei der zwölf Menschen zu Tode kamen.

Auch heute noch ist die Brücke bei Akrobaten, die ihre Schwindelfreiheit unter Beweis stellen wollen, sehr beliebt. Lassen Sie sich dadurch nicht beirren, und machen Sie auf dem für Fußgänger reservierten Mittelstreifen einen Spaziergang über die Brücke (rund 2 km, Eingang: City Hall Park). Der Blick auf Downtown Manhattan ist, besonders bei Sonnenuntergang, unvergesslich.

Brooklyn Heights ■ F 20, S. 117

Für den echten »Manhattanite« ist Brooklyn ein fremder Erdteil, in den er, wenn er dort nicht gerade Verwandtschaft hat, nie seinen Fuß setzt. Eine der zwei oder drei Ausnahmen von der Regel ist das Viertel südlich der Brooklyn Bridge, die Brooklyn Heights. Im 19. Jh. eine elegante Wohngegend, kam sie im 20. Jh. außer Mode, wurde dann von Künstlern und Schriftstellern wieder entdeckt und erfreut sich heute bei erfolgreichen Enddreißigern, denen die Upper East Side zu öde oder zu teuer ist, großen Ansehens. Die meisten der alten Häuser wurden liebevoll restauriert. Das Karree, das im Norden von der Clark Street und im Süden von der Joralemon Street begrenzt wird, erinnert in vielem an Beacon Hill, Bostons vornehmstes Viertel.

Die stärkste Konzentration hübscher Häuser finden Sie in der **Willow Street**. Das »St. George« an der Clark Street war einmal New Yorks größtes Hotel. Höhepunkt ist der Blick von der Uferpromenade oberhalb des Brooklyn-Queens Expressway auf Downtown Manhattan, besonders schön bei einbrechender Dunkelheit.

U-Bahn: Linie 2 und 3

Central Park ■ C 9–12, S. 112

Der fast 4 km lange, 800 m breite, rechteckige Park ist New Yorks »grüne Lunge«. Besonders an sonnigen Wochentagen tummelt sich hier das Volk: Jogger, Radfahrer, Rollschuhläufer, picknickende Familien, Rockgruppen, schwarze Kindermädchen mit ihren weißen Schützlingen, berufsmäßige **dogwalkers**, die mit einem halben Dutzend Hunde »Gassi gehen« – an wenigen Orten lässt sich das bunte Menschengemisch Amerikas besser beobachten. Fotografen und unheilbaren Romantikern sei der Blick über den künstlichen Teich an der Südostecke auf das Plaza Hotel empfohlen. Nördlich davon liegt der – 1988 wieder eröffnete – Zoo, gleich daneben der Kinderzoo. Theaterfreunde werden sich für die Freilichtaufführungen – meist Shakespeare und Musicals – interessieren, die jeden Sommer im Delacorte Theater stattfinden (Zugang von der Westseite an der 81st Street; da der Eintritt frei ist, sollten Sie sich schon am Nachmittag in die Warteschlange einreihen). Im Juni gastiert die Metropolitan Opera gratis auf der »Großen Wiese« (gleicher Eingang); zu diesem Volksfest strömen Zehntausende, um Pavarotti oder Placido Domingo live zu erleben. Die Qualität der Lautsprecheranlage lässt zu wünschen übrig.

Chinatown ■ DE 18, S. 117
Unter den ethnischen Gruppen, die Amerika zu ihrer zweiten Heimat machen, haben sich die Chinesen – neben den orthodoxen Juden – am stärksten von ihrer Umgebung abgeschottet. Das hängt nicht zuletzt mit der restriktiven Gesetzgebung und den Widerständen zusammen, die ihnen entgegengebracht wurden: Von 1882 bis 1965 war die Einwanderung von Chinesen ganz untersagt. In den letzten zwei Jahrzehnten hat die Immigration aus Taiwan, Hongkong und der Volksrepublik sprunghaft zugenommen; allein in New York leben weit über 100 000 Chinesen.

In dem Bezirk, der durch **Canal Street, Bowery, Worth Street** und **Mulberry Street** begrenzt wird, werden Sie sich vorkommen wie in Kanton oder Shanghai. Sogar die Telefonzellen tragen ein Pagodendach. Beachten Sie den **buddhistischen Tempel** (16 Pell Street).

Das **Chinesische Museum** (8 Mott Street, z. Zt. geschlossen) beherbergt den großen Drachen, der bei der farbenprächtigen Neujahrsprozession durch die Straßen getragen wird (am ersten Vollmond nach dem 19. Januar). Kein Besuch von Chinatown ist vollständig ohne ein **chinesisches Essen.** Speisen Sie dort, wo Sie viele Chinesen sehen.
U-Bahn: Linie 6, Station Canal/Lafayette Street (b 5)

Columbia University ■ B 8, S. 110
Unter den 130 Hochschulen in New York ist sie die älteste (Gründungsjahr 1754) und angesehenste, aber nicht die größte: Das ist die New York University am Washington Square mit 40 000 Studenten und 5000 Professoren. Ihr jetziges Domizil am oberen Broadway (Haupteingang an der 116th Street) bezog die Columbia University erst 1897. Der trotz immer neuer Anbauten sehr geschlossen wirkende Campus wird von der **Low Memorial Library** auf der Nordseite beherrscht: Dieser majestätische Bau im Stil eines römischen Tempels beherbergt heute die Verwaltung. Die Bibliothek ist in der

Wegzeiten in U-Bahn-, Bus- (B) und Taxi-Minuten (T) zwischen wichtigen Sehenswürdigkeiten

	Columbia University	Empire State Building	Lincoln Center	Metropolitan Museum	Rathaus	Rockefeller Center	Times Square	United Nations	Wall Street	Washington Square
Columbia University	–	30	15	20 (T)	50	20	25	40 (B)	50	40
Empire State Building	30	–	20	30	25	20	10	25	30	20 (B)
Lincoln Center	15	20	–	20 (T)	35	15	20	25 (B)	40	25
Metropolitan Museum	20 (T)	30	20 (T)	–	40	30	30	40	45	30
Rathaus	50	25	35	40	–	30	20	40	10	15
Rockefeller Center	20	20	15	30	30	–	15	15 (T)	30	25 (B)
Times Square	25	10	20	30	20	10	–	15 (B)	30	20
United Nations	40 (B)	25	25 (B)	40	40	20 (T)	15 (B)	–	45	30 (T)
Wall Street	50	30	40	45	10	30	30	45	–	20
Washington Square	40	20 (B)	25	30	15	25 (B)	20	30 (T)	20	–

Butler Library an der Südseite untergebracht: Mit acht Millionen Bänden ist sie die viertgrößte in Amerika.

Auf der anderen Seite des Broadway liegt das **Barnard College für Frauen** von 1889 – ein wichtiger Beitrag zur Emanzipation. Ein Besuch der Columbia University lässt sich bequem mit einem Abstecher zur größten gotischen Kirche der Welt, **St. John the Divine** (→ S. 45), verbinden.
U-Bahn: Linie 1, Station 116th St. (a 1) oder Bus 4 und 104

Coney Island
Wenn Sie das Stadtgebiet von New York nicht verlassen und trotzdem Ihren Freunden erzählen wollen, Sie hätten im Atlantik gebadet, dann gibt es nur eine Parole: Auf nach Coney Island! Der Name ist irreführend: Coney Island ist keine Insel, sondern die **Südseite von Brooklyn**. Bis zum Zweiten Weltkrieg stand hier Amerikas berühmtester Vergnügungspark mit Attraktionen aller Art. Davon ist nur ein Torso übrig geblieben, darunter die bei Kindern besonders beliebte Achterbahn (**roller coaster**). Auch der Fallschirm-Sprungturm (**parachute jump**) steht noch, ist aber außer Betrieb. Verschwunden sind dagegen die eleganten Hotels von anno dazumal.

Die meisten Häuser sind in erbärmlichem Zustand – an europäische Seebäder dürfen Sie nicht denken. Aber der Strand ist inzwischen wieder recht sauber und das Gewimmel am Wochenende eine Fundgrube für Fotografen. Besuchen sollten Sie das **Aquarium** (Surf Avenue/West 8th Street; geöffnet 10–16.45 Uhr) mit seinen Delfinen, Haien, Walen und Zitteraalen, die ihre Beute mit Stromstößen von 600 Volt betäuben. Den Hunger stillt eine Knackwurst in Nathanís Famous Restaurant, der »Mutterhündin«, von der alle **hot dogs** abstammen (Surf/Stillwell Avenue).
U-Bahn: Linie B, D, F, N. Fahrzeit von Midtown Manhattan eine knappe Stunde

Diamond Row ■ CD 13, S. 114/115
In der 47th Street zwischen Fifth und Sixth Avenue werden 80 % des Diamantenhandels in Amerika abgewickelt. Hier finden Sie einen Juwelier neben dem anderen. Fast alle sind orthodoxe Juden mit Kaftan, Hut und Schläfenlocken; am Sonnabend (Sabbat) ist die Straße daher wie ausgestorben. In unmittelbarer Nachbarschaft (41 West 47th Street) findet sich Gotham Book Mart, eines der besten Antiquariate New Yorks. Wer den frommen Diamantenhändlern ins Wochenende folgen will, muss sich nach Brooklyn aufmachen (U-Bahn: Kingston Arc. und Marcy Ave.).
U-Bahn: 7th Ave./50th St. (a 3)

Empire State Building
■ D 15, S. 115
1
Von 1931 bis 1970, als er vom World Trade Center entthront wurde, war der Wolkenkratzer an der Fifth Avenue – zwischen 33rd und 34th Street – das höchste Gebäude der Welt (380 m, mit Antenne 440 m). In den Jahren der Depression stand es größtenteils leer; heute arbeiten hier 15 000 Menschen. 73 Aufzüge versorgen die 102 Etagen. Von den Aussichtsterrassen in der 86. und 102. Etage (tgl. 9.30–24 Uhr, Eintritt 9 $) hat man an klaren Tagen einen Rundblick von 70 km.
U-Bahn: Park Ave./33rd St. (b 4)

Fifth Avenue ■ C 24, S. 118
Die Fifth Avenue ist das Rückgrat von Manhattan. Von hier aus werden die Querstraßen nummeriert: Alles, was westlich liegt, hat ein »**West**« (W) nach der Hausnummer, alles, was östlich liegt, ein »**East**« (E). Für den Touristen interessant sind vor allem zwei Abschnitte: Zwischen **Empire State Building** (34th Street) und dem **Plaza Hotel** (59th Street) liegen – abgesehen von den unvermeidlichen Schnellrestaurants und Fotoläden, die seit Jahren die unwiderruflich letzten

Oben: Das Straßenbild in Chinatown erscheint fast chinesischer als China selbst (→ S. 37).

Mitte: 340 Hektar für Erholung, Sport und Spiel bieten die Grünanlagen des Central Park (→ S. 36).

Unten: Die Freiheitsstatue beherrscht die New Yorker Hafeneinfahrt. Sie wiegt stattliche 225 Tonnen und ist 46 Meter hoch. Ihre Fackel leuchtet 90 Meter über dem Meeresspiegel (→ S. 40).

Tage ihres Räumungsverkaufs ankündigen – viele der bekanntesten Geschäfte der Stadt. **Window shopping** ist ein Sport, dem sich auch die New Yorker hier mit Leidenschaft hingeben.

Nördlich davon beginnt schon der **Central Park** (→ S. 36). Die Wohnungen am Parkrand gehören zu den teuersten der Stadt. Zwischen der Frick Collection (70th Street) und dem Stadtmuseum (103rd Street) liegt die »Museumsmeile« mit dem Metropolitan, dem Guggenheim und dem Cooper-Hewitt Museum (→ Museen und Galerien, S. 52f.).

Unter den Geschäften sind in erster Linie die Bekleidungshäuser (vorwiegend für Damen) zu nennen: Lord & Taylor (zwischen 38th und 39th Street), Fendi (56th Street), Saks (Nr. 611), Henri Bendel (Nr. 712) und Bergdorf Goodman (zwischen 57th und 58th Street). Schmuck finden Sie bei Cartier (Nr. 653), Tiffany (Nr. 725), Bulgari (Nr. 730) und Van Cleef & Arpels (Nr. 744); Bücher bei Barnes & Noble (Nr. 600). Die Lederwaren von Gucci (Nr. 685) sind weltweit bekannt; ein Paradies für Spielsachen finden Sie bei F.A.O. Schwarz (zwischen 58th und 59th Street). Für ihre Konzerte bekannt ist die neogotische Thomas-Kirche: Unter den Heiligen auf der Altarrückwand bemerken Sie u. a. George Washington. Drei der Sehenswürdigkeiten an der Fifth Avenue – die **St. Patrick's Cathedral** (→ S. 45), das **Rockefeller Center** (→ S. 44) und die **Public Library** (→ S. 44) an der 42nd Street – werden gesondert vorgestellt.

Freiheitsstatue

Das Wahrzeichen der Stadt, ein Geschenk der französischen Regierung, wollten die New Yorker zunächst gar nicht haben. Wenn man schon eine Statue im Hafen aufstelle, so war damals zu hören, warum eine fremdländische Dame und nicht den einheimischen Uncle Sam? Erst als die erbosten Franzosen drohten, das Denkmal der Stadt Boston zu schenken, schwenkte die öffentliche Meinung um. Das Geld für den Sockel kam dennoch erst nach einer mühseligen Sammelaktion zusammen.

Am 28. Oktober 1886 weihte Präsident Cleveland die Statue ein. »Miss Liberty« ist (ohne Sockel) 46 m hoch und wiegt 225 Tonnen; die Fackel in ihrer Hand leuchtet 90 m über dem Meeresspiegel. Die Gesichtszüge modellierte der Bildhauer Frédéric-Auguste Bartholdi nach seiner Mutter; das Stahlgerüst im Innern stammt von Gustave Eiffel, dem Schöpfer des Eiffelturms. Nicht gut, aber jedem Amerikaner vertraut ist das Gedicht auf dem Sockel, mit dem Miss Liberty die »müden, armen, zusammengekauerten« Einwanderer willkommen heißt. Zu ihrem hundertjährigen Jubiläum wurde die Statue gründlich restauriert und im Juli 1986 von Präsident Ronald Reagan erneut dem Publikum übergeben.

Die Anreise zur Statue geschieht täglich von 9 bis 16 Uhr mit dem Schiff vom **Battery Park** (→ S. 35) aus. Nehmen Sie sich reichlich Zeit: Besonders in den Sommermonaten ist der Andrang enorm; es kann leicht zwei Stunden dauern, bis Sie in die Krone vorgedrungen sind. Wem das zu viel ist, der sollte die Fähre nach Staten Island nehmen, von der aus man einen schönen Blick auf das Denkmal hat.

Garment District ■ BC 14, S. 114

New York hat keine »Schornstein-Industrien«: Hier wird weder Kohle gefördert noch Stahl verarbeitet. New Yorks Industrie ist weitaus umweltfreundlicher: Südlich der 40th Street, um die Seventh Avenue (»Fashion Avenue«) herum, wird ein Fünftel der Bekleidung produziert, die die Amerikaner tragen. Wenn Sie den New Yorkern bei der Arbeit zuschauen wollen, dann lassen Sie sich einfach durch die – zumeist durch Lastwagen verstopften – Querstraßen treiben.

Zwar gibt es nicht mehr die alten **sweat-shops**, in denen Dutzende und Hunderte von Arbeitern unter menschenunwürdigen Bedingungen schufteten. Aber was Sie zu sehen bekommen, vermittelt einen guten Eindruck von den harten Lebensbedingungen in dieser Stadt, von der es nicht zu Unrecht heißt, sie sei der Ort **to make or to break a man.**

Der Rundgang lässt sich gut verbinden mit einem Besuch bei **Macy's** (→ Einkaufen, S. 62) – dem größten Kaufhaus der Welt mit 12 000 Angestellten und einem Angebot von 400 000 Waren.
Zwischen Broadway und 7th Avenue, 34th und 35th Street; U-Bahn: Penn. Station (a 4/b 4)

Gramercy Park ■ D 16, S. 115
New Yorks einziger Privatpark, nur den Anliegern zugänglich. Der stimmungsvolle Platz mit seinen alten Bäumen und Backsteinvillen erinnert an London oder das alte Boston. An der Südseite der National Arts Club (Nr. 15), daneben das Haus von Edwin Booth (1833–1893), des bedeutendsten amerikanischen Schauspielers seiner Zeit und heute Sitz des Players Club (Nr. 16). Auch der Bruder von Booth, John Wilkes Booth, war ein Schauspieler; er war es auch, der 1865 in Washington Präsident Lincoln erschoss.
Zwischen Park und 3rd Avenue, 20th und 21st Street; U-Bahn: Park Ave./23rd St. (b 4)

Grand Central ■ D 14, S. 115
Unter den beiden Bahnhöfen New Yorks der architektonisch reizvollere, 1903 bis 1913 im historischen Beaux-Arts-Stil errichtet. Der zweite, Pennsylvania Station, wurde 1963 abgerissen und durch einen gesichtslosen Neubau ersetzt. Von deutschen Bahnhöfen unterscheidet ihn, dass der Zweck des Gebäudes weder von außen noch von innen zu erkennen ist: Die Bahnsteige sind im Untergeschoss versteckt. Dies wurde dadurch möglich, dass seit 1902 im Stadtgebiet nur noch elektrische Lokomotiven zugelassen waren.

Der Bahnhof besitzt eine prächtige Südfassade mit einem Denkmal des »Commodore« Cornelius Vanderbilt, der im 19. Jh. den Eisenbahnverkehr kontrollierte.

Wer miterleben möchte, wie sich die Rushhour in New York abspielt, sollte sich hier an einem Werktag zwischen 17 und 18 Uhr einfinden – das Gewimmel ist atemberaubend.
Park Avenue /42nd Street; U-Bahn: Grand Central (b 3)

Greenwich Village ■ C 17, S. 116
Das »Schwabing« von New York wird im Kapitel »Spaziergänge« (→ S. 78) ausführlich vorgestellt.

Harlem ■ BD 7–8, S. 110/111
Harlem, das Viertel zwischen 110th und 162nd Street, ist noch immer die schwarze Hauptstadt Amerikas. Aber die große Zeit der zwanziger Jahre, als man im **Cotton Club** oder in **Small's Paradise** Louis Armstrong, »Duke« Ellington und »Count« Basie hören konnte, ist längst vorbei. Obwohl sich einiges geändert hat, überwiegen immer noch die Slums, in denen nachts Banden von Drogenhändlern den Ton angeben. In der Aids-Statistik haben die Fixer von Harlem die Homosexuellen aus dem Village längst überrundet. 40 % aller Kinder wachsen ohne Vater auf.

Für Weiße ist das Pflaster – vor allem nachts – nicht ungefährlich. Besuchen Sie diesen Stadtteil daher nicht auf eigene Faust, sondern mit einer organisierten Tour, die Ihnen die wichtigsten Sehenswürdigkeiten – zum Beispiel die Abyssinian Baptist Church, das Studio Museum und das

Morris-Jumel Mansion – zeigt. Das Reisebüro Gray Line (900 8th Avenue, Tel. 397-2600) veranstaltet jeden Freitag eine vierstündige Bustour durch Harlem. Mittwochabends bietet das Apollo Theater (253 West 125th Street) seine berühmten **amateur nights**, in denen sich blutige Anfänger erstmals einem kritischen Publikum stellen.

Wer sich für schwarze Gottesdienste interessiert, sollte an einer »Gospel Tour« des Reisebüros Harlem Spirituals teilnehmen (1697 Broadway, Tel. 757-0425).

Lincoln Center ■ B 12, S. 112

Dieser 1962 bis 1968 errichtete Gebäudekomplex ist das musikalische Zentrum New Yorks. Postieren Sie sich am Springbrunnen auf der Plaza: Vor sich haben Sie jetzt die Metropolitan Opera (beachten Sie die beiden Chagall-Fresken im Foyer), zur Linken das New York State Theater – das Haus der New York City Opera und des New York City Ballet – und zur Rechten die Avery Fisher Hall, wo die New Yorker Philharmoniker spielen. Die Akustik der Avery Fisher Hall wurde zunächst heftig kritisiert; ein Totalumbau 1976 brachte deutliche Verbesserungen. Rechts im Hintergrund liegt das Vivien Beaumont Theater.

Nördlich der 65th Street: Alice Tully Hall, der Kammermusiksaal, wo jedes Jahr im September die New Yorker Filmfestspiele stattfinden. Dasselbe Gebäude beherbergt auch Amerikas berühmteste Musikhochschule, die Juilliard School. Gegenüber eine der beiden Filialen von »Tower Records«, New Yorks größtem Schallplattengeschäft (tgl. bis 24 Uhr).

U-Bahn: Lincoln Center (a 3)

Little Italy ■ DE 17–18, S. 117

Zwischen Greenwich Village und Chinatown, in dem Straßengeviert, das im Norden von der Houston Street, im Westen von der Lafayette Street, im Süden von der Canal Street und im Osten von der Bowery begrenzt wird, siedelten sich im 19. Jh. hauptsächlich Italiener an. Es hat bis heute seinen italienischen Charakter behalten. Vor allem in der Mulberry Street fehlt es nicht an **ristorantes** und **cafeterias**. Höhepunkt des Jahres ist die **Festa di San Gennaro** in der zweiten Septemberhälfte: Während man in Neapel ängstlich darauf wartet, dass sich das eingetrocknete Blut des Stadtpatrons verflüssigt, ehrt man ihn in Little Italy durch Paraden, Blaskapellen und Straßenmärkte.

U-Bahn: Linie 4 und 6, Station Spring Street (b 5)

Lower East Side ■ F 17–18, S. 117

→ Spaziergänge, S. 86

Madison Avenue ■ D 11–12, S. 113

Als Begriff steht die vornehme Madison Avenue für vier verschiedene Wirtschaftszweige: Werbung, Mode, Antiquitäten, Kunstgalerien. Der ergiebigste Abschnitt liegt zwischen der 57th und 79th Street. Viele der großen Namen der internationalen Haute Couture finden Sie hier wieder: Ungaro (Nr. 803), Armani (Nr. 815), Gianni Versace (Nr. 816), Jaeger (Nr. 818), Kenzo (Nr. 824), Missoni (Nr. 836), Yves St. Laurent (Nr. 855 und 859), Ralph Lauren (Nr. 867, ein französisches Renaissanceschloss), Givenchy (Nr. 954) – sie alle haben auf der Madison Avenue ihre Boutiquen. Unter den Antiquitätenläden sind die folgenden von besonderem Interesse: Leighton (Nr. 733, alter Schmuck), Rita Ford (19 East 65th Street, Spieluhren), American Hurrah (Nr. 766, amerikanische Volkskunst), Chinese Porcelain Company (Nr. 822), Papp (Nr. 962, englische Möbel), Kaplan (Nr. 967, Glas, Porzellan, Nippsachen).

Wohlfeile »Schnäppchen« kann man hier freilich nicht machen; die

Madison Avenue wendet sich entschieden an die Gutbetuchten, die hier besonders gern am Samstagnachmittag flanieren. In den Nebenstraßen finden Sie einige der angesehensten Kunstgalerien der Stadt: Wildenstein (19 East 64th Street), Knoedler (19 East 70th Street), Hirschl & Adler (21 East 70th Street), Borgenicht (Nr. 1018), Goodman (Nr. 1020), Acquavella (18 East 79th Street). Gleich daneben das **Whitney Museum of American Art** (→ Museen und Galerien, S. 56). Wer beim Anblick von Kunst und Mode Appetit bekommen hat, stillt ihn mit flotten Models bei Mad 61 (Nr. 660) oder mit der **upper crust** bei Le Relais (Nr. 712) und La Goulue (Nr. 746).
U-Bahn: Hunter College (b 3)

Park Avenue ■ D 13–16, S. 115
Architektonisch gesehen Manhattans eindrucksvollste Straße: Ihre Breite, der gepflegte Grünstreifen in der Mitte und die spiegelnden Fassaden vermitteln das unwiderstehliche Gefühl von Luxus. Kein Wunder, dass die Stadtverwaltung den prosaischen Anblick von Bussen aus ihrer Renommierstraße verbannt hat – genauer gesagt: aus dem Abschnitt nördlich der 46th Street; in dem Abschnitt südlich des Grand Central verliert sie zunehmend an Format. Einige der **Wolkenkratzer** an der Park Avenue haben Architekturgeschichte geschrieben: Das von Mies van der Rohe und Philip Johnson entworfene Seagram Building (Nr. 375) und das schräg gegenüber liegende Lever House (Nr. 390) sind klassische Beispiele »moderner« Bürohochhäuser.

Der »postmoderne« Reisende, dem die überall anzutreffenden Zigarrenkisten der Bauhaus-Nachahmer zum Halse heraushängen, wird sich vermutlich mehr an der älteren Architektur delektieren: dem 1918 im Stil der Florentiner Renaissance gebauten Racquet and Tennis Club (Nr. 370), der aus demselben Jahr stammenden byzantinischen Bartholomäus-Kirche (zwischen 50th und 51st Street), dem benachbarten **Hotel Waldorf-Astoria** (→ Hotels und andere Unterkünfte, S. 17) – werfen Sie ruhig ei-

Abends wirkt das Lincoln Center besonders imposant.

nen Blick in die Lobby – und dem Helmsley Building an der 46th Street, in dem die Park Avenue auf rätselhafte Weise verschwindet. In der Weihnachtszeit bleibt das Licht im Helmsley Building auch nachts über brennen – und zwar dergestalt, dass die erleuchteten Fenster zusammen ein Kreuz bilden.

Public Library ■ D 14, S. 115

Die Ecke Fifth Avenue/42nd Street ist – was im Vorkriegs-Berlin die Kreuzung Leipziger und Friedrichstraße war – einer der belebtesten Punkte der Stadt. Auf den Stufen vor der Bibliothek sitzt an schönen Tagen reihenweise das Volk und lässt sich von Straßenmusikanten, Feuerschluckern und Clowns unterhalten. Den beiden steinernen Löwen, die die Freitreppe flankieren – »Patience« und »Fortitude« –, werden zur Weihnachtszeit in einer kleinen Zeremonie Kränze aus Tannenzweigen um den Hals gehängt. Die Bibliothek selbst, ein prächtiges Beispiel amerikanischer Beaux-Arts-Architektur, steht jedermann kostenlos offen (Lesesaal im 3. Stock). Im Erdgeschoss finden häufig Wechselausstellungen statt.

So geschl.; U-Bahn: Grand Central (b 3)

Rathaus (City Hall) und Umgebung ■ D 19, S. 117

Da sich Manhattan im Lauf der Jahrhunderte von Süden nach Norden entwickelte, ist es kein Wunder, dass – während das Geschäftsleben heute um **Midtown** (42nd bis 57th Street) gravitiert – das Zentrum von Verwaltung und Rechtsprechung in **Downtown** geblieben ist. Bürgermeister Giuliani residiert in einem eleganten Schloss, das 1803 bis 1812 in einem Stil errichtet wurde, der italienische und englische Elemente verbindet. Hier wurde 1865 der ermordete Abraham Lincoln aufgebahrt: 120 000 New Yorker erwiesen dem Toten die letzte Ehre, bevor er zur Bestattung in seine Heimat Illinois überführt wurde. Im Park pflegten die Engländer während des Unabhängigkeitskrieges Insurgenten aufzuknüpfen.

An der Westseite des Parks liegt das **Woolworth Building** aus dem Jahr 1913, New Yorks ältester und bis 1930 höchster Wolkenkratzer (240 m). Die Baukosten von 13,5 Mio. Dollar – eine damals astronomische Summe – zahlte der Erfinder der »Five-and-ten-cent-stores« in bar. Links daneben die **St. Paul's Chapel**, New Yorks älteste Kirche (1766). Von der Ostseite des Parks hat man Zugang zur Brooklyn Bridge.

Nördlich des Rathauses liegen um den Foley Square herum mehrere Gerichtsgebäude – einige davon im eklektizistischen Zuckerbäckerstil, den man eher in Moskau erwarten würde. Auf dem Platz vor dem Federal Building, an der Kreuzung Worth und Lafayette Street, stand jahrelang Richard Serras »gekippter Bogen« – eine verrostete Stahlscheibe, die viele Fachleute für Kunst hielten, die Mehrheit der dort Beschäftigten jedoch für eine Beleidigung des Auges. Nach jahrelangen Anhörungen und Prozessen wurde der Stahl des Anstoßes 1989 entfernt.

U-Bahn: Linie N, R, 4, 5, 6, Station City Hall/Brooklyn Bridge (b 5/b 6)

Rockefeller Center ■ CD 13, S. 114/115

7

Wenn es irgendwo ein Zentrum von New York gibt, so liegt es hier. John Rockefeller junior, der Sohn des Ölmilliardärs, nach dem es seinen Namen trägt, wollte hier ursprünglich ein neues Opernhaus errichten. Die Depression machte ihm einen Strich durch die Rechnung. Stattdessen baute er in dem Karree zwischen Fifth und Sixth Avenue, 47th und 52nd Street, ein Ensemble von 19 Bürohochhäusern, dessen stilistische Geschlossenheit noch heute besticht. Unterirdisch sind die Häuser miteinander verbunden; man kann im Tiefgeschoss (**concourse**) einkaufen, essen, sich frisieren lassen ...

Von der »Promenade«, dem Zugang von der Fifth Avenue, fällt der Blick auf das **General Motors Building**, das höchste Gebäude des Centers (206 m). Leider wurde die Aussichtsterrasse 1988 geschlossen; auch die Zukunft des köstlichen Dachrestaurants, des »Rainbow Room«, ist leider ungewiss. Davor die mit Fahnen geschmückte **Lower Plaza** mit dem Prometheus-Denkmal – im Sommer ein Gartencafé, im Winter Eisbahn. Im Dezember wird hinter dem Prometheus eine Riesenfichte mit 18 000 elektrischen Kerzen aufgestellt. Der Mitsubishi-Konzern, der 1989 einen Mehrheitsanteil am Rockefeller Center erwarb, hat damit viel Geld verloren und seinen Anteil wieder an die Rockefellers verkauft.

Versäumen Sie nicht, die **Radio City Music Hall** zu besichtigen (6th Avenue/50th Street): Mit 5882 Plätzen ist sie das größte Kino der Welt. Filme sind dort heute nur noch ausnahmsweise zu sehen. Stattdessen finden Popkonzerte statt und im November/Dezember das bei Alt und Jung überaus beliebte **Magnificent Christmas Spectacular**, bei dem nicht nur der Weihnachtsmann und das Jesuskind auftreten, sondern auch die »Rockettes«, die mit atemberaubender und beinahe militärischer Präzision die Beine schwingen.

Auch ohne Show lohnt die Radio City Music Hall mit ihrer opulenten Ausstattung, ihren tonnenschweren Lüstern und ihrem hydraulisch auf- und abschwebenden Orchestergraben den Besuch (Termine sind über Tel. 632-4041 zu erfragen).

U-Bahn: Rockefeller Center (b 3)

St. John the Divine ■ B 8, S. 110

So unwahrscheinlich es klingt: Die größte gotische Kirche der Welt steht nicht in Europa, sondern in New York. Dabei ist St. John the Divine, dessen Bau im Jahr 1892 begonnen wurde, erst zu zwei Dritteln fertig: Querschiff und Türme fehlen noch. Zunächst in romanischem Stil begonnen (Apsis und Chor), wurde der Bau seit 1911 in gotischem Stil fortgesetzt. Die amerikanischen Architekten haben sich aber nicht nur von den gotischen Baumeistern inspirieren lassen: Das Taufbecken ist eine Kopie des Brunnens von Jacopo della Quercia in San Giovanni von Siena. Der Fortgang der Arbeiten – die besichtigt werden können – hängt von der Großzügigkeit der Spender ab; wann mit der Vollendung der Kirche zu rechnen ist, steht in den Sternen.

Der Gottesdienst ist protestantisch (Episcopalian), doch steht die Kirche allen Religionen offen: Jüdische Hochzeiten wechseln mit buddhistischen Begräbnissen und Erntedankfesten der Indianer. Der populärste Gottesdienst ist der Tiersegen am ersten Sonntag im Oktober. Mehr als 6000 Menschen drängen sich auf den Bänken, um ihren Hund, ihre Katze oder ihren Kanarienvogel segnen zu lassen.

Amsterdam Avenue/112th Street; U-Bahn: Linie A, C, K, Station 110th St./Cathedral Parkway (a 1)

St. Patrick's Cathedral ■ D 13, S. 115

8

Auch der Sitz des katholischen Erzbischofs von New York wurde von 1858 bis 1906 nach dem Muster der gotischen Kathedralen Europas gebaut, Vorbild für die 101 m hohen Türme war der Kölner Dom. Damals galt die Kirche als gewaltiges Bauwerk; heute wirkt sie, umgeben von riesigen Wolkenkratzern, fast zierlich. St. Patrick ist der Nationalheilige der Iren; auch die Erzbischöfe sind traditionell Iren. Der St. Patrick's Day (17. März), der die Saison der New Yorker Paraden eröffnet, wird in seiner Namenskirche mit einem feierlichen Hochamt begangen und danach – etwas weniger feierlich – begossen.

U-Bahn: Rockefeller Center (b 3)

SoHo ■ CD 17–18, S. 116/117
Mit dem gleichnamigen Londoner Stadtteil ist sein New Yorker Gegenstück sprachlich nicht verwandt: SoHo ist eine Abkürzung von **»SOuth of HOuston Street«** (gesprochen: Hausten). Gemeint ist damit die Gegend, die im Norden von der West Houston Street, im Westen von der Sullivan Street, im Süden von der Canal Street und im Osten vom Broadway begrenzt wird. Unter Architekten ist sie als **cast-iron district** bekannt: Hier – besonders in der Greene Street – findet sich die stärkste Konzentration von Häusern, die in der zweiten Hälfte des 19. Jh. aus gusseisernen Fertigteilen montiert wurden; damit begann das Zeitalter der modernen Serienbauweise.

Die meisten Häuser stehen unter Denkmalschutz. Das älteste erhaltene Exemplar ist das **Haughwout Building** aus dem Jahr 1856 (488 Broadway/ Broome Street). Der darin installierte Aufzug, der erste in New York, funktioniert noch.

Im 20. Jh. ging es dann mit SoHo deutlich bergab: Ein großer Teil der hier ansässigen Kleinbetriebe wurde stillgelegt. Als in den siebziger Jahren die Mieten in Greenwich Village stiegen, wichen viele Künstler in das seinerzeit noch billige SoHo aus und wandelten die Lagerhallen und Speicher (**lofts**) in geräumige Atelierwohnungen um. Dann zogen Galerien und Boutiquen nach, und heute ist SoHo längst genauso teuer wie das Village.

Der **West Broadway** ist – besonders am Wochenende – eine beliebte Flanierstraße. Hier finden Sie neben international bekannten Galerien – Mary Boone (Nr. 417), Castelli, Sonnabend (beide Nr. 420) – schicke Boutiquen und originelle Geschenkläden. Kunstfreunde werden gern in der Buchhandlung Rizzoli schmökern (Nr. 454). Auch die Neben- und Querstraßen sind gut für manche Überraschung. Hier kleiden sich verkappte Vamps ebenso wie die Freunde von Retro-Moden und japanischer Postmoderne ein.
U-Bahn: Broadway/Prince St. (b 5)

South Street Seaport
■ E 17, S. 117
Mit dem Verschwinden der Passagierdampfer und den Veränderungen in der Frachtschifffahrt hat Manhattan seine einst überragende Bedeutung als Hafenstadt nahezu völlig eingebüßt: Die großen Containerschiffe legen heute in Brooklyn, Staten Island und Port Elizabeth (New Jersey) an. Die meisten Piers verfallen.

In den sechziger Jahren entschloss sich die Stadt, zumindest den historischen Kern des alten Hafens zu retten: Der Bezirk zwischen Brooklyn Bridge und John Street wurde unter Denkmalschutz gestellt und anschließend saniert.

1983 erhielt der traditionsreiche **Fulton Market** eine neue Behausung – die vierte seit seiner Eröffnung 1822. Heute ist der South Street Seaport ein beliebtes Ausflugsziel mit Andenkenläden, Restaurants (am besten, aber auch am vollsten: Sweets, 2 Fulton Street) und – zwischen Fulton, Beekman, Water, Front Street – einem Freilicht-Museumskomplex.

Zwischen Pier 15 und 16 liegen mehrere historische Schiffe vor Anker; mit einem von ihnen, dem Schoner »Pioneer«, können Sie im Sommer eine zwei- oder dreistündige Hafenrundfahrt machen.
Reservierung: Tel. 669-9400; U-Bahn: Fulton Street (b 6)

Staten Island Ferry ■ D 20, S. 117
Staten Island, unter den fünf New Yorker Stadtteilen (**boroughs**) der ländlichste und am dünnsten besiedelte, braucht den Touristen eigentlich nicht weiter zu interessieren: Auch für die meisten Bewohner von Manhattan ist er Terra incognita.

Oben: Das Herz der zeitgenössischen amerikanischen Kunst schlägt immer noch in SoHo.

Mitte: St. Patrick's Cathedral, der Sitz des katholischen Erzbischofs von New York (→ S. 45).

Unten: Das Rockefeller Center dient im Sommer Cafébesuchern, im Winter Schlittschuhläufern als Kulisse (→ S. 44).

Das Beste an Staten Island ist die rund um die Uhr verkehrende Fähre: Von hier aus hat man nicht nur einen schönen Blick auf die Freiheitsstatue, sondern kann auch mit eigenen Augen den ersten Eindruck nachvollziehen, mit dem New York den Schiffsreisenden von anno dazumal überwältigte: Viele Einwanderer brachen bei diesem Anblick in Tränen aus. Für Fotografen ein Muss. Die Fähre verlässt alle 30 Minuten die Südspitze Manhattans, in den Stoßzeiten auch öfter. Neuerdings ist die Fähre sogar kostenlos.

Times Square ■ C 14, S. 114
Das Glitzer-Dreieck nördlich der Kreuzung von Broadway, Seventh Avenue und 42nd Street ist weltberühmt – aus sehr verschiedenen Gründen. Für den gewöhnlichen Homo New Yorkensis ist der Platz mit den gigantischen Leuchtreklamen eine Art Forum Americanum: Hier zieht es ihn spontan hin, wenn es etwas zu feiern gibt – einen gewonnenen Krieg oder den Beginn eines neuen Jahres.

Für den Theaterfreund ist der Times Square das Mekka seiner imaginären Welt: Am **Broadway** und in den Querstraßen zur Eighth Avenue konzentrieren sich jene 40 Bühnen, die gemeint sind, wenn man vom »Broadway« spricht. Hier erblickten »Porgy and Bess«, »My Fair Lady«, »West Side Story«, »Endstation Sehnsucht« und »Tod eines Handlungsreisenden« das Rampenlicht der Welt.

Die Peepshows und Pornoshops, die sich auf der 42nd Street breit gemacht hatten, wurden in den letzten Jahren wieder vertrieben, und auch die schmuddeligen Imbissstuben und billigen Andenkenläden sollen nach dem Willen der Stadtväter weichen. Ein ehrgeiziger Sanierungsplan sieht vor, dass nicht weniger als 75 Grundstücke neu bebaut werden sollen. Die Abrissarbeiten sind bereits in vollem Gange.

Der erste Neubau war das 1986 eingeweihte »Marriott Marquis Hotel«, eine die Berührung mit der Außenwelt ängstlich meidende Betonfestung (von der langsam rotierenden Bar im 8. Stock hat man einen interessanten Blick auf den Times Square). 1996 wurde das erste der verwahrlosten Theater auf der 42nd Street wieder in Betrieb genommen.
U-Bahn: Times Square (a 3)

Vereinte Nationen ■ E 14, S. 115
Am East River, zwischen 42nd und 48th Street, wo bis zum Zweiten Weltkrieg Schlachthäuser und Brauereien die Szene beherrschten, erhebt sich heute das Hauptquartier der Vereinten Nationen. Der Komplex besteht aus drei Gebäuden: Im linken tagt von September bis Dezember die Generalversammlung, dahinter im Conference Building der Sicherheitsrat; das flache Hochhaus rechts beherbergt das Sekretariat (in der vorletzten Etage sitzt der Generalsekretär). Eilt eine Weltkrise ihrem Höhepunkt zu, finden an der Ecke First Avenue/ 47th Street oft lautstarke, sehr fotogene Demonstrationen statt.
Führungen Mo–Fr 9.15–15.45 Uhr (Beginn alle 15 Minuten, zeitweise auch in Deutsch, Dauer: 1 Stunde); Besuchereingang an der Nordseite gegenüber der 46th Street; U-Bahn: Grand Central (b 3)

Wall Street ■ D 19–20, S. 117
Das Herz der internationalen Finanzwelt stellen wir im Kapitel »Spaziergänge« (→ S. 83) ausführlich vor.

Washington Square ■ c 2, S. 79
Einer der malerischsten New Yorker Plätze, zugleich vortrefflich geeignet zum **people watching**: vor allem am Wochenende. Der marmorne Triumphbogen von 1892 erinnert an den einhundertsten Jahrestag der Präsidentschaft von George Washington. Die ältesten Häuser – aus den dreißiger Jahren des 19. Jh. – stehen

9

auf der Nordseite. Dahinter die Washington Mews – frühere Stallungen und Dienstbotenquartiere, heute eine entzückende Privatstraße mit Atelierwohnungen und Kulturinstituten. Die Gebäude an der Süd- und Ostseite des Washington Square gehören zur **New York University**, der größten amerikanischen Privatuniversität (40 000 Studenten, 5000 Professoren – eine Proportion, von der deutsche Universitäten nur träumen können).

Wolkenkratzer

Den besten Blick auf **Downtown Manhattan** hat man zweifellos von den Brooklyn Heights und der Staten Island Ferry. Die beiden höchsten Wolkenkratzer – **World Trade Center** und **Empire State Building** – werden jeweils unter ihrem eigenen Stichwort vorgestellt (→ S. 49, 38), der älteste – das **Woolworth Building** – unter dem Stichwort **Rathaus (City Hall)** (→ S. 44). Als elegantester Wolkenkratzer gilt der dritthöchste, das 1930 fertig gestellte **Chrysler Building** (320 m, zwischen Lexington und Third Avenue, 42nd und 43rd Street).

Unter den neueren sind das Citycorp Center mit seinem abgeschrägten Dach (1977, zwischen Lexington und Third Avenue, 53rd und 54th Street) und das an eine Chippendale-Kommode erinnernde **AT&T Building** (1982, Madison Avenue, zwischen 55th und 56th Street) bemerkenswert. Das AT&T Building, heute Hauptquartier des japanischen Sony-Konzerns, gilt als einer der Marksteine der »Postmoderne«. Der wichtigste Vorläufer der Wolkenkratzer war das 1902 errichtete, 87 m hohe **Flatiron Building** (Fifth Avenue, 23rd Street). Es bewies, dass die Stahlbauweise auch Hochhäuser ermöglichte. Seinen Spitznamen verdankt es der durch die Kreuzung von Broadway und Fifth Avenue erzwungenen Dreiecksform, die die New Yorker an ein Bügeleisen erinnerte.

Das Woolworth Building: Die 1913 eingeweihte »Kathedrale des Einzelhandels« war der erste Wolkenkratzer.

World Trade Center

■ CD 19, S. 116/117

Mit 411 m sind die beiden 1974 fertig gestellten Zwillingstürme die zweithöchsten Bauwerke der USA: Nur der Sears Tower in Chicago übertrifft sie um 32 m. Über die ästhetische Qualität der Türme lässt sich streiten, nicht jedoch über den grandiosen Blick, der sich von den beiden Aussichtsterrassen (**observation decks**) im 107. und 110. Stockwerk des Turms Nr. 2 bietet (tgl. 9.30–21.30 Uhr).

Nach dem Bombenattentat im Februar 1993 wurden die Sicherheitsvorkehrungen verstärkt. Das »Windows on the World« genannte **Dachrestaurant** im Turm Nr. 1 ist nach jahrelanger Renovierung wieder geöffnet (→ Essen und Trinken, S. 29). Wer den strengen Bekleidungsvorschriften genügt (in Jeans, Shorts oder Turnschuhen kein Einlass), kann sich von Mittag bis Mitternacht auch in der Bar erfrischen.

U-Bahn: Cortlandt Street (b 6)

MUSEEN UND GALERIEN

Mehr als 80 Museen, großartige Kunstsammlungen und ein begeisterungsfähiges Publikum machen New York zur Kunst-Metropole Nummer eins.

Die großen amerikanischen Sammler haben hier Kunstschätze zusammengetragen, die sich hinter denen in London und Paris nicht zu verstecken brauchen. Die erste Adresse am Ort ist das Metropolitan Museum of Art; um zumindest einen allgemeinen Überblick über seine Schätze zu erhalten, sollte man einen halben Tag einplanen. **Das Museum of Modern Art** (MOMA), das der Kunst des 20. Jh. gewidmet ist, hat in der Welt nicht seinesgleichen.

Das schönste Museum der Stadt ist die **Frick Collection** – hier fühlt sich der Besucher wie der Gast eines kultivierten Schlossherrn. Am populärsten ist das Naturgeschichtliche Museum (**American Museum of Natural History**). Wer sich für Volkskunst interessiert, sollte sich das Indianermuseum (**Museum of the American Indian**) nicht entgehen lassen. Die Eintrittspreise sind pro forma dem Gutdünken des Besuchers überlassen, aber es wird erwartet, dass er sie zahlt (die angegebenen Preise gelten für Erwachsene; Studenten, Kinder und **senior citizens** zahlen weniger). Die meisten Museen sind montags geschlossen.

Museen

American Museum of Natural History ■ BC 11, S. 112

Mit 35 Millionen Objekten beherbergt dieser festungsähnliche Bau eine der größten zoologischen, botanischen und mineralogischen Sammlungen der Welt. Angefangen mit den Dinosauriern (4th floor = 3. Stock) wird dem Besucher die – ausgestopfte – Tierwelt, die unseren Planeten bevölkert hat und noch bevölkert, in ihrer natürlichen Umwelt vorgestellt.

Vielleicht am eindrucksvollsten sind die Hall of Ocean Life und der Saal der afrikanischen Säugetiere. Die Hall of Mexico and Central America enthält eine hervorragende Sammlung präkolumbianischer Artefakte. In der Mineraliensammlung können Sie den »Star of India«, den größten Saphir der Welt, bewundern (563 Karat). Gleich daneben befindet sich das Hayden-Planetarium.

Central Park West, zwischen 78th und 79th Street; U-Bahn: Broadway/79th St. (a 2); tgl. 10–17.45, Fr, Sa bis 20.45 Uhr; Eintritt 10 $

Cloisters

Ein architektonisches Unikum: Die Kreuzgänge von fünf südfranzösischen Klöstern wurden über den Atlantik verschifft und am nördlichen Ende von Manhattan mit Teilen anderer französischer und spanischer Kirchen zu einem einzigen Gebäude verschmolzen, das verblüffend einheitlich wirkt und zugleich etwas Surrealistisches hat.

Die Cloisters gehören zum **Metropolitan Museum of Art** (→ S. 53), das einen Teil seiner großartigen Schätze aus dem Mittelalter hier ausstellt. Höhepunkte sind die Einhorn-Tapisserien aus dem späten 15. Jh. und eine »Verkündigung« von Robert Campin (der Raum, in dem sich die **Campin Annunciation** befindet, ist häufig geschlossen, wird aber auf Nachfrage geöffnet). Wer sich etwas Zeit nimmt, kann mit dem Bus (Linie 4,

Oben: Teile verschiedener europäischer Klöster und Kapellen wurden zu einem einzigartigen Bauwerk vereint – den Cloisters.

Mitte: Weltberühmte Meisterwerke vom Impressionismus bis zu neuer amerikanischer Kunst sind im Museum of Modern Art versammelt (→ S. 54).

Unten: An der Architektur des spiralförmigen Guggenheim Museum scheiden sich die Geister (→ S. 53).

Einstieg Madison Avenue) fahren und dabei aus sicherer Distanz einen Blick auf Harlem werfen.
Fort Tryon Park, Eingang Margaret Corbin Drive; U-Bahn: Dyckman St.; Di–So 9.30–17.15 Uhr; Eintritt 10 $

Cooper-Hewitt Museum ■ D 10, S. 113

Das ehemalige Stadtpalais des Stahlmagnaten Andrew Carnegie gehört jetzt zur Smithsonian Institution in Washington und beherbergt die weltweit größte Sammlung auf dem Gebiet von Design und Kunstgewerbe. Sie umfasst Möbel, Keramiken, Glas, Metallarbeiten, Textilien und Tapeten, Zeichnungen und Drucke. Da die Schätze größer sind als das Haus, finden Wechselausstellungen stat.
2 East 91st Street/Ecke 5th Avenue; U-Bahn: Lexington Ave./86th St. (b 2); Di 10–21, Mi–Sa 10–17, So 12–17 Uhr; Eintritt 5 $

Ellis Island Museum of Immigration

Auf der Insel, auf der zwischen 1892 und 1954 17 Millionen Einwanderer zum ersten Mal amerikanischen Boden betraten, wurde im Herbst 1990 ein Museum eröffnet. Herzstück ist der riesige, von einem Gurtgewölbe überdachte **registry room**, in dem die erschöpften Ankömmlinge auf Herz und Nieren überprüft wurden. In den Nebengelassen finden wir Pässe, Fotos, Gepäckstücke und Mitbringsel aus den Herkunftsländern.

Außerhalb des Museums, wo man einen prachtvollen Blick auf Manhattan genießt, erhebt sich die »Wall of Honor«: Die alte Strandmauer wurde mit Kupfertafeln bedeckt, auf der jeder Amerikaner für 100 Dollar einen Vorfahren eintragen lassen kann, der über Ellis Island ins Land kam.
Zufahrt mit der Fähre vom Castle Clinton (Battery Park); in der Regel lange Wartezeiten (wer nach 14 Uhr kommt, riskiert, abgewiesen zu werden); tgl. 9–17 Uhr; Eintritt frei; die Fähre kostet 7 $

Frick Collection ■ D 12, S. 113

6

Die vornehmste unter den New Yorker Kunstsammlungen. Wer die alten Meister liebt, sich jedoch von den Reichtümern des Metropolitan Museum erdrückt fühlt, wird die Frick Collection mit ihrem privaten Ambiente, ihren Pflanzen und Springbrunnen als wahre Oase empfinden. Die Frick Collection ist nicht nur ein leicht überschaubares Haus, das sich in anderthalb Stunden bequem durchwandern lässt; sie ist etwas noch viel Selteneres: ein Museum ohne Schwachpunkte.

Dabei war der Sammler, Henry Clay Frick, alles andere als ein zarter Schöngeist: Als Teilhaber von Andrew Carnegie ließ er 1892 den Streik der Stahlarbeiter in Homestead (Pennsylvania) durch 300 Detektive der Pinkerton-Agentur blutig niederschlagen; sieben Streikende wurden erschossen.

Von den 40 Bildern, die wir von Vermeer kennen, hängen allein drei hier. Ein ganzer von Fragonard ausgemalter Raum stammt aus dem

MERIAN-Tipp

Mit dem Bus ins Mittelalter
Fahren Sie nicht mit der U-Bahn zu den Cloisters, sondern machen Sie mit dem Viererbus, der die Madison Avenue hinauffährt, eine Reise zu seiner nördlichen Endstation, dem Fort Tryon Park. Innerhalb einer Stunde ziehen das weiße, das schwarze, das hispanische und das deutsch-jüdische New York an Ihnen vorüber, und wenn Sie angekommen sind, finden Sie sich nicht in Harlem oder in Washington Heights, sondern in der mittelalterlichen Welt der französischen Klöster.

Schloss Louveciennes der Madame Dubarry. Weitere Meisterwerke von Duccio (»Versuchung Christi«), Bellini (»Verzückung des hl. Franz«), van Eyck (»Maria mit Kind«), Goya (»Die Schmiede«), Chardin (»Die Vogelorgel«), Gainsborough; Porträts von Holbein, Tizian, Rembrandt, van Dyck, Velázquez, Ingres; Landschaften von Hobbema, Ruisdael, Corot. Das beliebteste Bild der Sammlung – Rembrandts »Polnischer Reiter« – stammt wahrscheinlich nicht von des Meisters Hand. Schöne Möbel, Porzellan und Emaillearbeiten.
1 East 70th Street/Ecke 5th Avenue; U-Bahn: Hunter College (b 3); Di–Sa 10–18, So 13–18 Uhr, Mo und an Feiertagen geschl.; Eintritt 7 $

Guggenheim Museum ■ D 10, S. 113
Unter den New Yorker Museen ist dieses der Kunst des 20. Jh. gewidmete Haus das architektonisch auffallendste. Bei seiner Eröffnung im Jahr 1959 erregte Frank Lloyd Wrights trichterförmiger Bau Gelächter und Proteste: Die einen fühlten sich an einen Brummkreisel, die anderen an eine Kaffeemühle erinnert; wieder andere behaupteten, die abschüssige, spiralförmige Rampe mache sie seekrank. In einem Punkt hatten die Kritiker Recht: Das Museum erwies sich sehr rasch als zu klein – mit dem Ergebnis, dass die große Rotunde fast ausschließlich für Wechselausstellungen genutzt wurde, während von der eigenen Sammlung – 6000 Werke, darunter 70 Klees und die größte Kandinsky-Kollektion der Welt – nur ein Bruchteil in den Seitenflügeln gezeigt werden konnte.

Nach endlosen Streitigkeiten und vielen Verzögerungen wurde im Juni 1992 ein Anbau in Betrieb genommen, in den die Administration des Museums einzog: Der kleinere der beiden Rundbauten dient jetzt auch als Ausstellungsfläche. Überdies hat das Museum für Sonderausstellungen eine Dependance eröffnet (575 Broadway/Ecke Prince Street).
1071 5th Avenue/Ecke 88th Street; U-Bahn: Lexington Ave./86th St. (b 2); So–Mi 10–18, Fr, Sa 10–20 Uhr, Do geschl.; Eintritt 12 $

Metropolitan Museum of Art
■ CD 11, S. 112/113
Das Ass unter den New Yorker Kunstsammlungen, eines der großen Museen der Welt mit vielfältiger Thematik: Wer nur die Gemälde besichtigt, dem entgehen die **Antikensammlung**, die **Sammlung ägyptischer** und **ostasiatischer Kunst**, das **Kunsthandwerk**, die **Musikinstrumente** und der **amerikanische Flügel** – um nur die wichtigsten Abteilungen zu nennen. Nur ein Viertel der riesigen Kollektion kann ausgestellt werden – was dazu geführt hat, dass das Museum in den vergangenen Jahren immer wieder anbaute, zuletzt (1994) einen neuen Flügel für die Kunst Indiens und Hinterindiens. Nur in der Kunst des 20. Jh. ist das Museum etwas schwach auf der Brust. Dafür sind die älteren Sammlungen umso überwältigender. Einen halben Tag sollte man unbedingt zur Besichtigung vorsehen.

Wir nennen im Folgenden einige der Höhepunkte aus der Gemäldesammlung, die Sie keinesfalls übersehen sollten: van Eyck »Kreuzigung« und »Jüngstes Gericht«; van der Weyden »Christus erscheint seiner Mutter«; Gérard David »Ruhe auf der Flucht«; Tizian »Venus und der Lautenspieler«; El Greco »Toledo«; Bruegel »Ernte«; Rembrandt »Aristoteles mit der Büste Homers«; Rubens »Venus und Adonis«; Vermeer »Junge Frau mit Wasserkrug«; Velázquez »Juan de Pareja«; Goya »Majas auf dem Balkon«; Watteau »Mezzetin«; Jacques Louis David »Tod des Sokrates«; Daumier »Waggon dritter Klasse«; Monet »Terrasse in Sainte Adresse«; Renoir »Madame Charpentier und ihre Kinder«; Gauguin »La Orana Maria«.

Weitere Gemälde finden Sie im Robert Lehman Wing, der 1975 eröffnet wurde. Das Ungewöhnliche an diesem Flügel ist, dass er einer Wohnung gleicht: Das Museum hatte sich verpflichten müssen, mit den Bildern auch die Möbel von Mr. Lehman zu übernehmen und sie genau so aufzustellen, wie es der edle Schenker getan hatte. Vollständig übernommen hat das Museum auch ein Wohnzimmer, das Frank Lloyd Wright kurz vor dem Ersten Weltkrieg für die Familie Little in Minnesota einrichtete. Eines der beliebtesten Ziele ist der **Tempel von Dendur** – ein Geschenk der ägyptischen Regierung als Dank für die amerikanische Hilfe beim Bau des Assuan-Damms. Der Tempel kann auch für Tanz- und Dinner-Parties gemietet werden: Im September 1988 wurde hier die Übernahme des Warenhauses Bloomingdale's durch einen kanadischen Grundstücksmagnaten gefeiert. Der Kauf ruinierte ihn. Berühmt ist das Metropolitan Museum nicht zuletzt durch seine groß angelegten Sonderausstellungen: Der Wettkampf mit der National Gallery in Washington um die höheren Besucherzahlen wird von den New Yorkern mit sportlichem Interesse verfolgt.
5th Avenue und 82nd Street; U-Bahn: Lexington Ave./86th St. (b 2); Di–So 9.30–17.15, Fr, Sa 9.30–20.45 Uhr; Eintritt 10 $

Museum of the American Indian

■ D 20, S. 117

Die weltweit größte Sammlung, die die Geschichte der amerikanischen Ureinwohner zum Gegenstand hat, führte lange Zeit das Dasein eines Mauerblümchens. Der Grund: Die prekäre Lage am Rande Harlems hielt Einheimische und Touristen vom Besuch ab. Die Übernahme durch die Smithsonian Institution und der Umzug in das opulente Custom House an der Südspitze Manhattans hat die Lage radikal geändert. Jetzt lässt sich die Besichtigung der Sammlung – ein anderer Teil soll nach Washington gehen – bequem mit einem Bummel durch den Finanzdistrikt verbinden. Ausgestellt sind Hausgeräte, Waffen, Kleidungsstücke, Schmuck, Masken, Totempfähle und vieles mehr. Sehenswert sind auch die Fresken in der Rotunde von Reginald Marsh. Wer ein scharfes Auge hat, erkennt auf einem Fresko die Ankunft Greta Garbos im New Yorker Hafen.
1 Bowling Green; U-Bahn: Bowling Green (b 6); tgl. 10–17 Uhr; Eintritt frei

Museum of the City of New York

■ D 9, S. 113

Am oberen Ende der Museumsmeile an der Fifth Avenue, die mit der Frick Collection beginnt, liegt das Museum of the City of New York. Hier wird die Geschichte der Stadt – von der Entdeckung der Insel Manhattan durch Giovanni da Verrazano (1524) bis zur Gegenwart – anhand von Karten, Modellen, Dioramen, Drucken, Möbeln und Gebrauchsgegenständen anschaulich gemacht. Interessant ist auch die Sammlung von Puppenhäusern und das Schlafzimmer von John D. Rockefeller.
1220 5th Avenue (zwischen 103rd und 104th Street); U-Bahn: Lexington Ave./103rd St. (b 1/b 2); Mi–Sa 10–17, So 13–17 Uhr, Mo, Di geschl.; Eintritt 5 $

Museum of Modern Art (MOMA)

■ CD 13, S. 114/115

Oft kopiert, nie erreicht: Das 1929 gegründete Museum of Modern Art ist die wichtigste Sammlung der Kunst des 20. Jh. in der Welt. Zunächst in ein paar Büroräumen untergebracht, zog sie 1939 in das derzeitige Haus um, das zweimal erheblich erweitert wurde: Es hat jetzt sechs Etagen, die durch Rolltreppen miteinander verbunden sind. Angefangen mit dem Spätwerk Monets (»Wasserlilien«) und den Post-Impressionisten (van Goghs »Sternennacht«) ist jede künstlerische Richtung bis in die

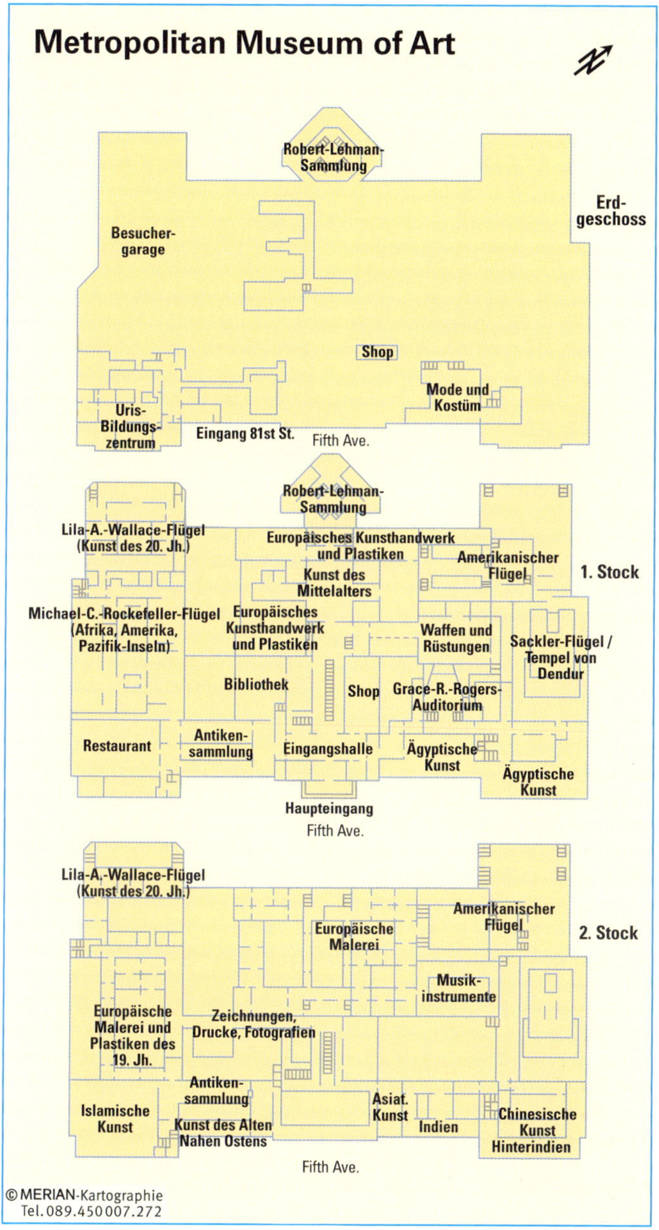
Metropolitan Museum of Art
Robert-Lehman-Sammlung
Erd-geschoss
Besucher-garage
Shop
Mode und Kostüm
Uris-Bildungs-zentrum
Eingang 81st St.
Fifth Ave.
Robert-Lehman-Sammlung
Lila-A.-Wallace-Flügel (Kunst des 20. Jh.)
Europäisches Kunsthandwerk und Plastiken
Amerikanischer Flügel
1. Stock
Kunst des Mittelalters
Michael-C.-Rockefeller-Flügel (Afrika, Amerika, Pazifik-Inseln)
Europäisches Kunsthandwerk und Plastiken
Waffen und Rüstungen
Sackler-Flügel / Tempel von Dendur
Bibliothek
Shop
Grace-R.-Rogers-Auditorium
Restaurant
Antiken-sammlung
Eingangshalle
Ägyptische Kunst
Ägyptische Kunst
Haupteingang
Fifth Ave.
Lila-A.-Wallace-Flügel (Kunst des 20. Jh.)
Amerikanischer Flügel
Europäische Malerei
2. Stock
Musik-instrumente
Europäische Malerei und Plastiken des 19. Jh.
Zeichnungen, Drucke, Fotografien
Antiken-sammlung
Islamische Kunst
Kunst des Alten Nahen Ostens
Asiat. Kunst
Indien
Chinesische Kunst
Hinterindien
Fifth Ave.
© MERIAN-Kartographie
Tel. 089.450007.272

jüngste Gegenwart durch Hauptwerke vertreten – auch die im Ausland meist vernachlässigten Deutschen (Klees »Zwitschermaschine«, Beckmanns »Abfahrt«, Schlemmers »Bauhaustreppe«). Besonders reiche Picasso-Sammlung: Hier hängt eines der Schlüsselwerke des 20. Jh., »Les Demoiselles d'Avignon«; die »Guernica« wurde, wie es Picasso verfügt hatte, nach Spanien zurückgegeben. Unter der US-Kunst ist »Christina's World« von Andrew Wyeth das populärste – man könnte es die »Mona Lisa« der Neuen Welt nennen. Darüber hinaus besitzt das MOMA die größte Foto- und Filmkollektion Amerikas. Die Fotos werden in Wechselausstellungen gezeigt, die Filme in den beiden Kinos des Museums. Beliebter Treffpunkt ist der **Skulpturengarten.**
11 West 53rd Street (zwischen 5th und 6th Ave.); U-Bahn: Rockefeller Center (b 3); Sa–Di 11–18, Do, Fr 12–20.30 Uhr; Eintritt 10 $

Museum of Television and Radio ■ C 13, S. 114

Dass Fernsehen für die Amerikaner bereits museumswürdig geworden ist, kann in diesem medienbesessenen Land kaum verwundern. 1976 gegründet, zog die Sammlung 1991 in ihr jetziges, von Philip Johnson und John Burgee entworfenes Haus um. Aus 25 000 Fernseh-, 15 000 Radioprogrammen und 10 000 Werbespots kann der Besucher sein Lieblingsprogramm wählen – Nurejews Debüt in Amerika, die Landung auf dem Mond oder den Zweikampf der guten und der bösen Frau des »Denver-Clans« im Swimmingpool – und sich beliebig oft ansehen.
U-Bahn: Rockefeller Center (b 3); 25 West 52nd Street (zw. 5th und 6th Avenue); Di, Mi, Fr–So 12–18, Do bis 20 Uhr; Eintritt 5 $

Pierpont Morgan Library ■ D 14, S. 115

Der Bankier J. Pierpont Morgan (1837–1913) ließ sich im Jahr 1905 diesen üppigen Stadtpalast im Neorenaissancestil errichten. Sein Büro könnte – mit Bildern von Memling und Cranach, schönen Email- und Metallarbeiten – auch der Empfangsraum eines römischen Kardinals sein. Morgan sammelte vorzugsweise Bücher und Manuskripte; sie werden heute in der Bibliothek und in einem zweiten Raum gleich links vom Eingang in wechselnden Ausstellungen gezeigt.

Vor allem Musikfreunde kommen hier auf ihre Kosten: Die Morgan Library besitzt einen der größten Autographen-Schätze der Welt (u.a. Mozarts Haffner-Sinfonie, Beethovens Geister-Trio, Schuberts »Die Winterreise«, die 1. Sinfonie von Brahms, Schönbergs »Gurrelieder«). Daneben besitzt die Bibliothek ein Exemplar der Gutenberg-Bibel, das ständig ausgestellt wird.
33 East 36th Street/Madison Avenue; U-Bahn: Park Ave./33rd St. (b 4); Di–Fr 10.30–17, Sa bis 18, So 12–18 Uhr, Aug. geschl.; Eintritt 7 $

Whitney Museum of American Art ■ D 11, S. 113

Das Whitney Museum hat es sich zur Aufgabe gemacht, die Entwicklung der amerikanischen Gegenwartskunst (Malerei, Skulptur, Fotografie) getreulich zu dokumentieren – mit dem Ergebnis, dass von der rapide anschwellenden Sammlung nur ein Bruchteil in Wechselausstellungen gezeigt werden kann. Alle zwei Jahre veranstaltet das Whitney Museum die **Biennal of Contemporary American Art**, die einen meist wütend umstrittenen Überblick über den aktuellen Stand des amerikanischen Kunstschaffens bietet. Einzelne Künstler werden in Sonderschauen vorgestellt.
945 Madison Avenue/Ecke 75th Street; U-Bahn: Lexington Ave./77th St. (b 2); Mi, Fr–So 11–18, Do 13–20 Uhr, Mo, Di geschl.; Eintritt 12.50 $

Galerien

Ältere Kunst und etablierte Moderne finden Sie vor allem in der 57th Street und nördlich davon um die Madison Avenue herum. Das Hauptquartier der zeitgenössischen amerikanischen Kunst ist SoHo, das Viertel »SOuth of HOuston Street«. Ein zweites Zentrum der Avantgarde entsteht derzeit in Chelsea.

57th Street/Madison Avenue

André Emmerich ■ D 13, S. 115
Präkolumbianische und klassische Kunst, Werke von Hockney, Frankenthaler, Noland und Sam Francis.
41 East 57th Street; U-Bahn: Lexington Ave./ 59th St. (b 3)

Gagosian ■ D 12, S. 113
Eine der heißesten, aber auch umstrittensten Adressen für moderne Klassiker. Hier kauft die Hollywood-Prominenz ihren Wandschmuck.
980 Madison Avenue; U-Bahn: Hunter College (b 3)

Hirschl & Adler ■ D 12, S. 113
Europäische und amerikanische Kunst vom Beginn des 18. bis weit ins 20. Jh. hinein.
21 East 70th Street (b 3); U-Bahn: Hunter College

M. Knoedler & Co. ■ D 12, S. 113
Ein guter alter Name. Etablierte amerikanische Moderne.
19 East 70th Street; U-Bahn: Hunter College (b 3)

Marlborough ■ D 13, S. 115
Seitdem die Galerie wegen unlauterer Geschäfte mit dem Nachlass von Mark Rothko zu 3,8 Millionen Dollar Schadenersatz verurteilt wurde, hat ihr Ruf gelitten. Sie vertritt u. a. Bacon, Botero, Alex Katz.
40 East 57th Street; U-Bahn: Lexington Ave./ 59th St. (b 3)

David Tunick ■ D 11, S. 113
Die feinste Adresse für Grafiken und Zeichnungen vom 15. Jh. bis zur Gegenwart. Voranmeldung empfohlen.
12 East 81st Street; U-Bahn: Lexington Ave./ 77 St. (b 2)

Pace Wildenstein ■ D 13, S. 115
Die potenteste unter den Midtown Galerien. Pace vertritt einen bunten Kreis arrivierter zeitgenössischer Künstler, darunter Dubuffet, Nevelson, Rothko, Schnabel.
32 East 57th Street; U-Bahn: Lexington Ave./ 59th St. (b 3)

SOuth of HOuston Street

Mary Boone ■ D 17, S. 117
Deutsche und italienische »Wilde«, Neo-Expressionisten, Fischl, Basquiat.
417 West Broadway; U-Bahn: Broadway/ Prince St. (b 5)

Leo Castelli ■ D 17, S. 117
Der 1999 gestorbene Castelli war der Doyen unter den amerikanischen Kunsthändlern. Er hat die »Pop-Art« international durchgesetzt. Seine Galerie vertritt auch heute noch die eindrucksvollste Riege amerikanischer Großmeister, darunter Jasper Johns, Robert Rauschenberg und Claes Oldenburg.
420 West Broadway; U-Bahn: Broadway/ Prince St. (b 5)

Ileana Sonnabend ■ D 17, S. 117
Castellis erste Frau; Pop-Art, Minimalismus, Conceptual Art.
420 West Broadway; U-Bahn: Broadway/ Prince St. (b 5)

Chelsea

Dia Center for the Arts ■ C 15, S. 114
Mehr Museum als Galerie. Ein Querschnitt durch die etablierte Avantgarde auf mehreren Etagen.
542 West 22nd Street; U-Bahn: 7th Ave./ 23rd St. (a 4)

Das Einkaufsparadies schlechthin:

Wer genug Geduld aufbringt, kann in New York so ziemlich alles finden, was das Herz begehrt.

Schweizer Schokolade, koreanische Möbel, Handtaschen aus Florenz, Teppiche aus Belutschistan – die Reihe exotischer Warenangebote ließe sich bis ins Unendliche verlängern. Als allgemeine Richtschnur können Sie davon ausgehen, dass die Kaufkraft eines Dollars in New York etwa der Kaufkraft einer Mark bzw. eines halben Euro in Hamburg entspricht. Auf den angegebenen Preis wird noch eine Verkaufssteuer (**sales tax**) von 8,25 % aufgeschlagen. Sie entfällt, wenn die Ware an Ihre Heimatadresse geschickt wird – was allerdings fünf Wochen dauert.

Manche Dinge – beispielsweise Musik-CDs und HiFi-Anlagen – sind billiger als in Deutschland; auch bei anderen Produkten kann ein Ausverkauf (**sale**) die Preise drastisch senken. Im Übrigen sind die Preise nicht nur saisonal, sondern auch örtlich sehr verschieden: Ein Kostüm, das an der Madison Avenue nicht unter 1000 Dollar zu haben ist, mag bei den jüdischen Kleiderhändlern in der Orchard Street vielleicht nur ein Viertel davon kosten.

Meiden sollten Sie die Fotoläden an der Fifth Avenue und am Times Square, die seit Jahren »wegen unmittelbar bevorstehender Geschäftsaufgabe« den Ausverkauf betreiben. Auch wer einem schwarzen Straßenhändler eine »echte« Cartier-Uhr abkauft, darf sich nicht wundern, wenn das gute Stück bald stehen bleibt und der Uhrmacher daheim erklärt, solchen Schund repariere er nicht.

Das übliche Zahlungsmittel ist – außer in Lebensmittelgeschäften und Coffee Shops – die Kreditkarte. Ein Ladenschlussgesetz nach deutscher Art würden sich die New Yorker schwer verbitten: Fast alle Geschäfte sind sonnabendnachmittags geöffnet, Lebensmittelgeschäfte, Buchhandlungen und einige Warenhäuser wie Macy's oder Bloomingdale's auch sonntags. Donnerstags sind Warenhäuser bis 20 oder 21 Uhr geöffnet. In Ihrer Nähe finden Sie mindestens ein – meist koreanisches – Lebensmittelgeschäft, wo Sie auch noch um drei Uhr morgens Obst und Bier kaufen können. Höherprozentigen Alkohol dürfen normale Lebensmittelgeschäfte nicht verkaufen. Er ist in Spezialläden erhältlich, die das Wort **liquors** mit im Namen führen.

Vielfältige Einkaufsmöglichkeiten inmitten von Messing, Marmor und Wasserfällen: die opulent-luxuriöse Shopping Mall im Trump-Tower.

Antiquitäten

Versuchen Sie Ihr Glück zunächst bei den Antiquitätenhändlern in der 60th Street (zwischen 2nd und 3rd Avenue) oder – noch ergiebiger – im »Manhattan Art and Antique Center« (1050 2nd Avenue), wo über 100 Läden unter einem Dach versammelt sind. Vom Ramsch bis zum Museumsstück ist hier alles vertreten, mit entsprechend variierenden Preisen. Die besten, aber auch teuersten Antiquitätenläden finden Sie in oder unweit der Madison Avenue. Wir nennen an dieser Stelle nur einige der bekanntesten:

A la Vieille Russie ■ D 13, S. 115
Uhren, Silber, Porzellan.
781 5th Avenue/59th Street; U-Bahn: Lexington Ave./59th St. (b 3)

American Hurrah ■ D 12, S. 113
Americana, Möbel.
766 Madison Avenue/66th Street; U-Bahn: Hunter College (b 3)

Rita Ford ■ D 12, S. 113
Spieluhren.
19 East 65th Street; U-Bahn: Hunter College (b 3)

Leo Kaplan ■ D 11, S. 113
Porzellan, Glas, Briefbeschwerer.
967 Madison Avenue/75th Street; U-Bahn: Lexington Avenue/77th Street (b 2)

Florian Papp ■ D 11, S. 113
New Yorks ältester Antiquitätenladen.
962 Madison Avenue/76th Street; U-Bahn: Hunter College (b 3)

James Robinson ■ D 13, S. 115
Silber und Schmuck.
480 Park Avenue/58 Street; U-Bahn: Lexington Ave./59 St. (b 3)

S. J. Shrubsole ■ D 13, S. 115
Erlesenes Silber für den prall gefüllten Geldbeutel.
104 East 57th Street; U-Bahn: Lexington Ave./59th St. (b 3)

Wem diese Geschäfte zu teuer sind, der findet vielleicht etwas in den Basaren (**thrift shops**) zwischen Second und Third Avenue, 75th und 89th Street, oder auf einem der Flohmärkte.

Auktionen

Die beiden größten Auktionshäuser der Welt – Sotheby's und Christie's – haben Filialen in New York. Hier finden regelmäßig bedeutende Versteigerungen statt, die ein zahlungskräftiges oder einfach nur neugieriges Publikum anziehen. Vorbesichtigungen am Samstag sind ein beliebtes (und obendrein kostenloses) Freizeitvergnügen der New Yorker **upper crust**.

Christie's ■ CD 13, S. 114/115
20 Rockefeller Plaza (49th St. zwischen 5th und 6th Ave.); Tel. 606-0400; U-Bahn: Rockefeller Center (b 3); Besichtigungen: Mo–Sa 10–17 Uhr

Sotheby's ■ D 12, S. 113
1334 York Avenue/Ecke 72nd Street; Tel. 606-7000; U-Bahn: Hunter College (b 3); Besichtigungen: Di–Sa 9.30–17 Uhr

Bücher

Argosy ■ D 13, S. 115
Großes Antiquariat mit gut geführter Kartei. Auch Autographen und preiswerte Drucke kann man erstehen.
116 East 59th Street; U-Bahn: Lexington Ave./59th St. (b 3)

Barnes & Noble ■ B 11/12, S. 112
Die größte Buchhandelskette der Vereinigten Staaten eröffnete in den letzten Jahren zwei riesige Filialen auf der Upper West Side. Beide Bookstores sind täglich bis Mitternacht geöffnet.
Broadway/66th und 83rd Street; U-Bahn: Lincoln Center (a 3) und 79th Street (a 2)

Drama Bookshop ■ C 13, S. 114
Theater- und Filmbücher.
723 7th Avenue/48th Street, 2. Stock; U-Bahn: 7th Ave./50th St. (a 3)

Gotham ■ C 13, S. 114
Literarisches Antiquariat.
41 West 47th Street; U-Bahn: 7th Ave./50th St. (a 3)

Rizzoli ■ C 13, S. 114
Kunst, Architektur, Fotografie.
31 West 57th Street und 454 West Broadway

Strand ■ D 16, S. 115
Das größte Antiquariat der Welt (2 Millionen Bücher). Hier hat man oft Glück bei neueren, anderswo schon vergriffenen Büchern. Seltenere (und teurere) Stücke, auch deutsche und französische Literatur, finden Sie im 3. Stock des Nebenhauses (Nr. 826).
828 Broadway/12th Street; U-Bahn: Union Square (b 4)

Samuel Weiser ■ D 15, S. 115
Okkultes, Esoterisches, New-Wave-Literatur.
132 East 24th Street; U-Bahn: Park Ave./23rd St. (b 4)

Delikatessen

Baldducci's ■ c 1, S. 79
Frische Spezialitäten aus aller Welt.
422 6th Avenue/9th Street; U-Bahn: Washington Square (b 4)

Dean & DeLuca ■ D 17, S. 117
Schon die Präsentation der aus allen Ländern der Welt importierten Feinkost ist atemberaubend.
560 Broadway/Prince Street; U-Bahn: Prince Street (b 5)

Zabar's ■ B 11, S. 112
Tempel der New Yorker Gourmets. Besonders an Wochenenden herrscht ein geradezu lebensgefährliches Gedränge.
2245 Broadway/80th Street; U-Bahn: Broadway/79 St. (a 2); Fr bis 22 Uhr, Sa bis Mitternacht, So bis 19 Uhr

Erotika

Condomania ■ a 2, S.79
Kondome als Scherzartikel und Kunstobjekt.
351 Bleecker Street/10th Street; U-Bahn: Christopher St. (b 4)

The Leather Man ■ a 2, S. 79
Alles, was die Lederszene braucht.
111 Christopher Street (zwischen Bleecker u. Hudson St.); U-Bahn: Christopher St. (b 4)

Pink Pussycat Boutique
■ b 1/b 2, S. 79
Große Auswahl erotischer Toys.
161 West 4th Street; U-Bahn: Christopher St. (b 4)

Flohmärkte

Annex Flea Market ■ C 15, S. 114
Unter den New Yorker Flohmärkten gegenwärtig »the trendiest«. Silber, Schmuck, Möbel, alte Kleider.
6th Avenue/25th Street; Sa und So, wenn es nicht regnet; U-Bahn: 6th Ave./23rd St. (b 4)

Geschenke

Coca Cola ■ D 13, S. 115
Die berühmte Flüssigkeit in allen nur denkbaren festen Formen.
711 Fifth Avenue (zwischen 55th und 56th St.); U-Bahn: 5th Ave./53rd St. (b 3)

Hammacher Schlemmer
■ D 13, S. 115
Ein Unikum: Hier finden Sie für Ihren Freund, den Millionär, der schon alles hat, garantiert das Richtige: ein elektrisches Austernmesser, einen heizbaren Handtuchhalter oder einen Feldstecher, der die genaue Entfernung zwischen Golfball und Loch angibt.
147 East 57th Street; U-Bahn: Lexington/59 St. (b 2)

Museum Shop ■ C 13, S. 114
Wer den Gang ins Metropolitan Museum of Art scheut, findet im Rockefeller Center eine Filiale des Museumsladens. Hier kaufte Ex-Präsident Clinton seine Weihnachtsgeschenke.
15 West 49th Street; U-Bahn: Rockefeller Center (b 3)

The Sharper Image ■ D 13, S. 115
Spielsachen (**gadgets**) für den erwachsenen Menschen, alle formschön, manche sogar nützlich.
4 West 57th Street und South Street Seaport (Pier 17); U-Bahn: Lexington Ave./59th St. (b 3) und Fulton St. (b 6)

Warner Brothers ■ D 13, S. 115
T-Shirts, Bierhumpen und andere vom gleichnamigen Hollywood-Studio inspirierte Dinge.
1 East 57th St. (Fifth Ave.); U-Bahn: 5th Ave./60th St. (b 3)

Glas und Porzellan

Baccarat ■ D 13, S. 115
Der New Yorker Ableger der berühmten Pariser Kristallmanufaktur.
625 Madison Avenue/58th Street; U-Bahn: Lexington Ave./59 St. (b 3)

Pottery Barn ■ C 13, S. 114
Glas und Steingut, populäre Preise.
250 West 57th Street; U-Bahn: Columbus Circle (a 3)

Royal Copenhagen ■ D 12, S. 113
Königliches Porzellan und Glas zu königlichen Preisen.
683 Madison Avenue/61st Street; U-Bahn: Lexington Ave./59th St. (b 3)

Steuben Glass ■ D 13, S. 115
Hier finden Sie das Glas, das Ex-Präsident Clinton seinen Staatsbesuchern zu schenken pflegte.
717 5th Avenue/56th Street; U-Bahn: Rockefeller Center (b 3)

Grafiken

Associated American Artists ■ C 13, S. 114
Drucken vom 15. bis zum 20. Jh.
20 West 57th Street, 6. Stock; U-Bahn: 7th Ave./57th St. (a 3)

Old Print Shop ■ D 15, S. 115
Karten und Drucke.
150 Lexington Avenue/30th Street; U-Bahn: Park Ave./33rd St. (b 4)

Poster America ■ C 16, S. 114
Amerikanische und europäische Poster in allen Preisklassen.
138 West 18th Street; U-Bahn: 6th Ave./14th St. (b 4)

Hifi, Fernsehen, Video

Harvey Electronics ■ D 14, S. 115
Spitzenmarken zu Spitzenpreisen, aber mit interessanten **sales**.
2 West 45th Street; U-Bahn: Grand Central (b 3)

J & R Music World ■ D 19, S. 117
Breite Auswahl an elektronischen Geräten, Fernsehern, Computern, Telefonen, CDs; günstige Preise.
23–33 Park Row; U-Bahn: Brooklyn Bridge/City Hall (b 5)

Radio Shack ■ D 14, S. 115
Diese verbreitete Ladenkette bietet günstige Preise bei zweifellos unzureichender Beratung. Wem vor allem am Preis und nicht an der Beratung gelegen ist, ist hier richtig. Auch Heimcomputer.
9 East 45th Street, 139 East 42nd Street und anderswo; U-Bahn: Grand Central (b 3)

Sound City ■ C 14, S. 114
Große Auswahl zu scharf kalkulierten Preisen.
58 West 45th Street; U-Bahn: Times Square (a 3)

Kaufhäuser

Bloomingdale's ■ D 12, S. 113
Der Inbegriff des New Yorker Warenhauses, modisch, elegant, pfiffig und doch erschwinglich. Ob Sie Herrenhemden kaufen, Lampen oder Betttücher – alles ist von erster Qualität. Stadtbekannt sind die hübschen Mädchen und Knaben, die Sie im Erdgeschoss mit dem neuesten Parfum besprühen.
Zwischen Lexington und 3rd Avenue, 59th und 60th Street; U-Bahn: Lexington Ave./59th St. (b 3); auch So 12–17 Uhr

Macy's ■ C 14, S. 114
Das größte Kaufhaus der Welt mit integriertem Friseur, Postamt, Reisebüro und mehreren Restaurants. Zwar hat Macy's Anfang 1992 Konkurs angemeldet – und wird wahrscheinlich einige seiner Filialen schließen müssen. Aber das Flaggschiff strahlt offenkundig ungebrochen im alten Art-déco-Glanz. Die Preise sind im Allgemeinen äußerst scharf kalkuliert und volksnah. Sie können allerdings auch kostspielige Haute Couture oder Antiquitäten erwerben.
Zwischen Broadway und 7th Avenue, 34th und 35th Street; U-Bahn: Penn. Station (a 4); auch So 10–18 Uhr

Oben: Textilien sind in New York billiger als in Deutschland.

Mitte: Dependance des Strand Bookstore, des größten Antiquariats der Welt, am South Street Seaport (→ S. 60).

Unten: Der Inbegriff des New Yorker Warenhauses – Bloomingdale's.

Saks Fifth Avenue ■ D 13, S. 115
Sicherer Geschmack und Stil sind die Kennzeichen dieser New Yorker Institution. Der Akzent liegt auf der Damenkleidung. Aber auch Herren, die das Gediegene lieben, kaufen gern bei Saks. Berühmt ist die Schaufensterdekoration zur Weihnachtszeit: Brav stehen Eltern und Kinder Schlange, um einen Blick auf die Märchenwelt zu erhaschen.
5th Avenue zwischen 49th und 50th Street; U-Bahn: Rockefeller Center (b 3)

Lederwaren

Croach & Fitzgerald ■ D 13, S. 115
Koffer aller Art und Größen.
400 Madison Avenue/48th Street; U-Bahn: Rockefeller Center (b 3)

Gucci ■ D 13, S. 115
Was immer man von den Skandalen der Familie Gucci hält – das Angebot ist so erstklassig wie die Preise.
685 5th Avenue; U-Bahn: Rockefeller Center (b 3)

MERIAN-Tipp

Originelle Souvenirs aus den Museumsshops Da Vater Staat amerikanische Museen nicht oder nur kümmerlich subventioniert, müssen jene viel Fantasie aufbieten, um finanziell über die Runden zu kommen. Ein Ergebnis sind die außerordentlich vielseitigen Andenkenläden, die sie unterhalten. Nicht nur Kataloge und Postkarten findet man dort, auch Bücher aller Art, Schlipse, Schmuck, Schreibgeräte, ja sogar – in der Morgan Library – die Tee-Mischung, die sich der allgewaltige Mr. Morgan jeden Morgen aufbrühen ließ.

Hermès ■ D 13, S. 115
New Yorker Filiale des weltberühmten Mutterhauses in der Pariser Rue Faubourg St. Honoré. Auch Parfum, Kopftücher, Schlipse sind hier erhältlich.
11 East 57th Street; U-Bahn: 5th Ave./60th St. (b 3)

Louis Vuitton ■ D 13, S. 115
Ein anderer Ableger aus Paris, wohl die am meisten kopierte Leder-Marke. Hier ist das Original.
51 East 57th Street; U-Bahn: 5th Ave./60th St. (b 3)

Mode

Eine klare Unterscheidung zwischen Geschäften für Damen- und Herrenkleidung ist nicht möglich, weil die meisten beides führen. Da New York die Kapitale der amerikanischen Textilindustrie ist, sind die Preise niedriger als in Deutschland, für die feinen französischen und italienischen Boutiquen in der Madison Avenue gilt dies natürlich nicht.

Banana Republic ■ D 13, S. 115
Sportliche und legere Kleidung zu sympathischen Preisen.
Mehrere Filialen, z. B. in der 130 East 59th Street/Lexington Avenue; U-Bahn: Lexington Ave./59th St. (b 3)

Barney's ■ C 16/D 12, S. 114/113
Große Auswahl an Herrenkleidung.
106 7th Avenue (zwischen 16th und 17th St.) und 660 Madison Avenue (Ecke 61st St. mit vorzüglichem Restaurant); auch sonntags geöffnet; U-Bahn: 7th Ave./14th St. (a 4) bzw. Lexington Ave./59th St. (b 3)

Henri Bendel ■ D 13, S. 115
Weniger ein Kaufhaus als eine Ansammlung von Boutiquen. Für die elegante Dame, die genug Geld hat, um keine Mode auszulassen.
712 5th Avenue/56th Street; U-Bahn: Rockefeller Center (b 3)

Bergdorf Goodman ■ D 13, S. 115
Sehr vornehm, sehr teuer.
754 5th Avenue/57th Street; U-Bahn: 5th Ave./60th St. (b 3)

Brooks Brothers ■ D 14, S. 115
Für den konservativen Herrn, der den britischen Stil liebt.
346 Madison Avenue/44th Street; U-Bahn: Grand Central (b 3)

Burberry's ■ D 13, S. 115
Adresse für gediegene britische Damen- und Herrenkleidung.
9 East 57th Street; U-Bahn: 5th Ave./60th St. (b 3)

The Custom Shop ■ D 13/14, S. 115
Hier und in vier weiteren Filialen können Sie sich maßgeschneiderte Herrenhemden zu überraschend zivilen Preisen machen lassen.
555 Lexington Avenue/51st Street; 342 Madison Avenue/44th Street; U-Bahn: Lexington Ave./51st St. bzw. Grand Central (b 3)

The Gap ■ D 13/14, S. 115
Zwei von insgesamt 25 Zweigstellen einer Ladenkette, die sich auf Jeans spezialisiert hat.
734 Lexington Avenue/59th Street; 445 5th Avenue/40th Street; U-Bahn: Lexington Ave./59th St. bzw. Grand Central (b 3)

Ralph Lauren ■ D 12, S. 113
Sportliche Kleidung in einem Ambiente, das mehr an ein englisches Herrenhaus erinnert als an ein Kaufhaus.
867 Madison Avenue/72nd Street; U-Bahn: Lexington Ave./77th St. (b 2)

Lord & Taylor ■ D 14, S. 115
Klassischer Stil mit sportlicher Note. Angemessene Preise.
424 5th Avenue/38th Street; U-Bahn: Grand Central (b 3)

Paul Stuart ■ D 14, S. 115
Traditionsbewusste Herrenkleidung.
Madison Avenue/45th Street; U-Bahn: Grand Central (b 3)

Madison Avenue ■ D 12, S. 113

Giorgio Armani
815 Madison Avenue; U-Bahn: Hunter College (b 3)

Givenchy
954 Madison Avenue; U-Bahn: Hunter College (b 3)

Jaeger
818 Madison Avenue; U-Bahn: Hunter College (b 3)

Kenzo
824 Madison Avenue; U-Bahn: Hunter College (b 3)

Missoni
838 Madison Avenue; U-Bahn: Hunter College (b 3)

Yves Saint Laurent
Damen: 855 Madison Avenue; Herren: 859 Madison Ave.; U-Bahn: Hunter College (b 3)

Ungaro
803 Madison Avenue; U-Bahn: Hunter College (b 3)

Gianni Versace
816 Madison Avenue; U-Bahn: Hunter College (b 3)

SoHo ■ D 17, S. 117

Dianne B.
426 West Broadway; U-Bahn: Broadway/Prince St. (b 5)

Susanne Bartsch
456 A West Broadway; U-Bahn: Broadway/Prince St. (b 5)

Comme des Garçons
116 Wooster Street; U-Bahn: Broadway/Prince St. (b 5)

In-Wear
394 West Broadway; U-Bahn: Broadway/Prince St. (b 5)

Norma Kamali
113 Spring Street; U-Bahn: Broadway/ Prince St. (b 5)

La Rue des Rêves
139 Spring Street; U-Bahn: Broadway/ Prince St. (b 5)

Victoria Falls
451 West Broadway; U-Bahn: Broadway/ Prince St. (b 5)

Schallplatten und CDs

HMV ■ B 12/D 10, S. 112/113
Nachdem sich Tower Records am Piccadilly Circus niederließ, schlugen die Briten zurück: Seit einigen Jahren bietet »His Master's Voice« dem Platzhirsch die Stirn, und der Kunde freut sich.
2081 Broadway (72nd Street) und 1280 Lexington Avenue (86th Street); tgl. bis 22 Uhr geöffnet, die Broadway-Filiale bis Mitternacht

Tower Records ■ D 17/B 12, S. 117/112
New Yorks größtes Plattengeschäft, riesige Auswahl an CDs. Regelmäßig Sonderverkäufe.
Broadway/4th und Broadway/66th Street; tgl. bis Mitternacht geöffnet

Virgin ■ C 14, S. 114
Ein zweiter Brite, der auszog, die Amerikaner das Fürchten zu lehren.
1540 Broadway (45th Street); tgl. bis Mitternacht geöffnet; U-Bahn: Times Square (a 3)

Schmuck

Bevor Sie sich bei Cartier oder Tiffany in Unkosten stürzen – die leicht ins Astronomische gehen können –, sehen Sie sich in der **Diamond Row** (→ Sehenswertes, S. 38), der 47th Street zwischen Fifth und Sixth Avenue, um: Dort finden Sie bei den orthodoxen Juden Schmuck jeder Art und Preisklasse.

Cartier ■ D 13, S. 115
Ein Renaissance-Palast aus dem Jahr 1905 mit einem der vornehmsten Geschäfte von New York. Klassische Uhren. Einigermaßen erschwinglich sind **les musts de Cartier** – Feuerzeuge und ähnliche Kleinigkeiten.
653 Fifth Avenue; U-Bahn: Rockefeller Center (b 3)

Leighton ■ D 12, S. 113
Wunderbarer alter Schmuck – auch für junge Hälse.
733 Madison Avenue/64th Street; U-Bahn: Hunter College (b 3)

Tiffany & Co. ■ D 13, S. 115
Audrey Hepburn hat diese Adresse in »Breakfast at Tiffany's« zum berühmtesten Schmuckgeschäft der Welt gemacht (40 Wärter bewachten am Drehtag – einem Sonntag – den Ort) Im Innern finden Sie ein Warenhaus mit vier Etagen, in dem auch Porzellan, Glas und Objekte für Ihren Schreibtisch verkauft werden – manches zu durchaus erschwinglichen Preisen.
725 5th Avenue/57th Street; U-Bahn: 5th Ave./60th St. (b 3)

Harry Winston ■ D 13, S. 115
Einmalige Stücke für Kunden, die – wie es bei Thomas Mann heißt – keine »pecuniarischen Unstatten« zu fürchten haben.
718 5th Avenue/56th Street; U-Bahn: 5th Ave./60th St. (b 3)

Spielwaren

F.A.O. Schwarz ■ D 13, S. 115
New Yorks größtes Spielwarengeschäft. Hier finden Sie vom Teddybären – so genannt nach »Teddy« Roosevelt – bis zum letzten elektronischen Schrei buchstäblich alles. Zur Weihnachtszeit nimmt das Gedränge Furcht einflößende Dimensionen an.
5th Avenue, zwischen 58th und 59th Street; U-Bahn: 5th Ave./60th St. (b 3)

Rund um die Uhr ist in New York was los. New Yorks Nachtleben stellt das jeder anderen Stadt in den Schatten. Manches lässt sich schon von zu Hause aus reservieren!

Von der Oper bis zum Jazzkeller, vom Ballett bis zur Sex-Show – alles ist reichlich vorhanden. Über das jeweilige Programm unterrichten zwei Wochenzeitschriften: »New York« und »The New Yorker«. Sie sind in den Bahnhofskiosken größerer deutscher Städte erhältlich. Da manche Veranstaltungen – vor allem Musicals – auf Monate hinaus ausgebucht sind, empfiehlt es sich, schon von Deutschland aus Plätze zu reservieren. Dies geschieht entweder beim Theater selbst oder bei Vorverkaufsbüros wie Tele-Charge (Tel. 239-6200) und Ticketmaster (Tel. 307-4100). Hierzu benötigen Sie allerdings eine Kreditkarte: Mit der Angabe von Nummer und Gültigkeitsdauer (**expiration date**) ist Ihre Reservierung perfekt. Die Karten werden Ihnen entweder zugeschickt oder liegen an der Kasse für Sie bereit.

Theater, Konzerte und Oper beginnen im Allgemeinen um 20 Uhr. Mittwochs und samstags gibt es auch Nachmittagsvorstellungen (**matinees**). Wenn es mit den ersehnten Karten gar nicht klappen sollte, wenden Sie sich an die Agenturen, die sich auf das Beschaffen von Plätzen in ausverkauften Vorstellungen spezialisiert haben – natürlich mit gepfefferten Provisionen (100 % und mehr). Hier einige der solideren Quellen (die Nummern können nur in den USA gewählt werden):

Good Time Tickets: Tel. 1-800-4663-846
Prestige Entertainment: Tel. 1-800-2438-849
Ticket Window: Tel. 1-800-SOLD OUT

Ballett

Was früher Paris und St. Petersburg waren, ist heute New York – die Ballett-Hauptstadt der Welt. Nirgendwo sonst finden Sie so viele erstklassige Ensembles.

American Ballet Theater ■ B 12, S. 112
Unter den ortsansässigen Tanztruppen die der großen europäischen Tradition am engsten verbundene. Die Saison schließt sich an die der Metropolitan Opera im selben Hause an (Mitte April bis Mitte Juni).
Broadway/63rd Street; Tel. 362-2080 und 477-3030; U-Bahn: Lincoln Center (a 3)

New York City Ballet ■ B 12, S. 112
Auch nach dem Tod von George Balanchine ist das New York City Ballet seinem klassizistischen, konzertanten Stil treu geblieben: So gut wie alle seine Choreografien sind im Programm. Das Ballett hat zwei Saisons im New York State Theater (Lincoln Center), die erste von Mai bis Juli, die zweite von November bis Februar. Stets ausverkauft ist »Der Nussknacker« in der Vorweihnachtszeit.
Broadway/63rd Street; Tel. 877-4700 und 870-5570; U-Bahn: Lincoln Center (a 3)

City Center ■ B 13, S. 114
Dieser Freimaurertempel im maurischen Stil ist heute das Hauptquartier der New Yorker Ballettomanen. Hier sind Jahr für Jahr alle bedeutenden Tanzkompanien der Stadt zu sehen – darunter Paul Taylor, Martha Graham, Merce Cunningham, Alvin

Ailey und das Joffrey Ballet.
131 West 55th Street; Tel. 581-7907; U-Bahn: Columbus Circle (a 3)

Joyce Theater ■ C 16, S. 114
Während im City Center die etablierten Ensembles regieren, ist hier noch etwas vom Geist der Avantgarde zu spüren. Zu sehen sind zum Beispiel das Eliot Feld Ballet und das Pilobolus Dance Theater.
175 8th Avenue/19th Street; Tel. 242-0800; U-Bahn: 8th Ave./14th St. (a 4)

Bars

Ein Führer (Shecky's Bar, Club & Lounge Guide, 1998) listet eine Auswahl der besten auf – insgesamt 400. Wir werden uns im Folgenden auf ein knappes Dutzend beschränken. Sehr amerikanisch ist das Phänomen der **happy hour**, die Zeit unmittelbar nach Büroschluss, wenn viele Bars ihre Drinks billiger anbieten. Die meisten Bars schließen erst in den Morgenstunden. Das Mindestalter liegt bei 18 Jahren – Milchgesichter also Ausweis mitbringen!

Asti ■ D 16, S. 115
Hier singen die Kellner Opernarien. Das Essen ist mäßig; begnügen Sie sich mit einem Drink an der Bar.
13 East 12th Street; U-Bahn: Union Square (b 4)

Bemelmans ■ D 11, S. 113
Elegante Klubatmosphäre, Klaviermusik. Für den Mann und die Frau von Welt.
Carlyle Hotel, 35 East 76th Street; U-Bahn: Lexington Ave./77 St. (b 2)

Duplex ■ a 2, S. 79
Hier – d. h. unter der alten Adresse um die Ecke – traten Barbra Streisand und Bette Midler erstmals vor ein Publikum. Immer überfüllt.
61 Christopher Street; U-Bahn: Christopher St. (a 4)

Joe Allen ■ C 14, S. 114
Beliebt bei beschäftigten und unbeschäftigten Schauspielern.
326 West 46th Street; U-Bahn: Times Square (a 3)

Oak Room ■ D 13, S. 115
Für Leute, die Tradition und gediegenen Luxus lieben (→ S. 16). 5
Plaza Hotel; 59th Street/Central Park South; U-Bahn: 5th Ave./60th St. (b 3)

P. J. Clarke's ■ D 13, S. 115
Hier drehte Billy Wilder »The Lost Weekend«, den ersten Film, der den Alkoholismus als ernstes Problem behandelte. Schäbig, immer voll.
915 3rd Avenue/55th Street; U-Bahn: Lexington Ave./59th St. (b 3)

Pete's Tavern ■ D 16, S. 115
1864 gegründet: New Yorks älteste Bar zeigt sich im Originalzustand.
129 East 18th Street; U-Bahn: Union Square (b 4)

MERIAN-Tipp

Night Court Wer Schläger, Drogenhändler, Taschendiebe und Hehler aus sicherer Entfernung beäugen will, der ist bei den Nachtsitzungen der New Yorker Strafkammer gerade richtig. Auch wenn Sie von den Prozeduren nur wenig verstehen: Die schillernden Existenzen, die dem Richter in bunter Folge vorgeführt werden, könnten auch von Hollywood nicht überzeugender besetzt werden. Die beste Besuchszeit liegt zwischen 22 und 23 Uhr.
Criminal Court, 100 Center Street/Hogan Place, Saal 129 und 130. U-Bahn: Linie 4, 5, 6, Station Brooklyn Bridge/City Hall (b 5) ■ D 19, S. 117

Splash ■ C 16, S. 114
Derzeit die heißeste Adresse für Herren, die nicht mit Damen, sondern mit ihresgleichen plaudern wollen. Häufig Striptease.
50 West 17th Street/6th Avenue; Tel. 691-0073; U-Bahn: Union Square (b 4)

Stringfellow's ■ D 16, S. 115
Wer sich seinen Drink von gut gebauten, (fast) nackten Damen servieren lassen will, dem werden hier die Augen übergehen. Auch weibliche Gäste sind willkommen.
35 East 21st Street; U-Bahn: Park Ave./23rd St. (b 4)

White Horse Tavern ■ a 1, S. 79
Ein Wallfahrtsort für Dichter und solche, die es werden wollen.
567 Hudson Street/11th Street; U-Bahn: 8th Ave./14th St. (a 4)

Diskotheken

Die besseren New Yorker Diskotheken sind Klubs, die sich die letzte Entscheidung darüber vorbehalten, wen sie hereinlassen und wen nicht. Geöffnet wird im Allgemeinen um 22 Uhr, geschlossen um 4 Uhr. Man muss allerdings mit Eintrittspreisen von 10 bis 25 $ (Fr und Sa höher) rechnen.

Float ■ C 13, S. 114
Der neueste Hang-out der **beautiful people,** die sich auf drei Etagen ohne Furcht vor sofortiger Ertaubung vergnügen.
240 West 52nd Street (zwischen Broadway und 8th Avenue); Tel. 581-0055; U-Bahn: 8th Ave./50th St. (b3)

Izzy Bar ■ E 16, S. 115
Der Laden bietet Hip-Hop, Techno, Salsa, Soul – wechselnde, aber immer phonstarke Klänge – und ist grundsätzlich voll.
166 First Ave. (11th St.); Tel. 228-0444; U-Bahn: Astor Place (b 4)

Life ■ b 1, S. 79
Der ehemalige Jazz-Klub »Village Gate« ist jetzt die populärste Disko im Village. Donnerstags (»Get a life«) ist die Nacht der »fashion crowd«. Auch die Stars des Showbusiness lassen sich gerne sehen.
158 Bleecker Street; Tel. 420-1999; U-Bahn: Bleecker St. (b 5)

Limelight ■ C 16, S. 114
Als sich diese neogotische Kirche in einen Tanzschuppen verwandelte, rieben sich sogar abgebrühte New Yorker die Augen. Leute, die mit ihrem eigenen Geschlecht tanzen wollen, benutzen den Nebeneingang. Wegen allzu schwunghaften Drogenhandels geschlossen, wurde die Kirchen-Disko unlängst wieder eröffnet. Nach Meinung von Szene-Kennern ist sie aber nur noch ein Schatten ihrer selbst.
660 Avenue of the Americas (= 6th Avenue)/20th Street; Tel. 807-7850; U-Bahn: 6th Ave./23rd St. (b 4)

Nell's ■ C 16, S. 114
Unter den New Yorker Nachtklubs einer der exklusivsten: Sogar Cher wurde vom Türhüter abgewiesen. Inzwischen hat sich der Reiz der Neuheit verflüchtigt und die **door policy** gelockert. Oben sitzt man auf riesigen Sofas unter Kristall-Lüstern; unten wird getanzt.
246 West 14th Street; Tel. 675-1567; U-Bahn: 7th Ave./14th St. (a 4)

Roxy ■ B 16, S. 114
Goldene Statuen schmücken diese Flugzeughalle, wo sich eine pittoreske Jugend heftig amüsiert.
515 West 18th Street/10th Avenue; Tel. 645-5156; U-Bahn: 8th Avenue/14th St. (a 4)

Speed ■ D 14, S. 115
Einer der jüngsten von Manhattans Megaklubs: drei Etagen und dazu ein Flachdach für Tanzlustige.
20 West 39th Street (Fifth Ave.); Tel. 719-9867; U-Bahn: Grand Central (b 3)

The Tunnel ■ A 15, S. 114
Man weiß nie genau, ob diese originelle Disko – ein unterirdischer Eisenbahnschacht mit einem Fassungsvermögen von 6000 Menschen – in Betrieb ist oder ihren Geist wieder einmal aufgegeben hat. Also vorher fragen!
12th Avenue (27th Street); Tel. 695-7292; U-Bahn: 8th Ave./23rd St. (a4)

Vinyl ■ D 18, S. 117
Zwischen ohrenbetäubendem Afro-Beat und einschmeichelnder Seelenmassage wird hier für jeden Geschmack etwas geboten. Nachdem der Klub seine Schankerlaubnis verloren hat, gilt er als Paradies der Tanzpuristen.
6 Hubert Street; Tel. 343-1379; U-Bahn: Franklin St. (b 5)

Jazz

Die legendären Jazzklubs von Harlem gibt es nicht mehr, und wenn es sie gäbe, wäre der Besuch für Weiße ungemütlich. Heute sind die meisten Lokale im Village. »New York« und »The New Yorker« sowie die »Jazzline« (Tel. 479-7888, durchgehend) geben Auskunft. Die meisten Klubs halten ein preiswertes Essen bereit.

Birdland ■ C 14, S. 114
Die große Ausnahme: Jazz in Midtown und Big Bands obendrein. Elegantes Publikum, südliche Küche.
315 West 44th Street; Tel. 581-3080; Eintritt 10 bis 30 $; U-Bahn: Times Square (a 3)

Blue Note ■ c 2, S. 79
Täglich zwei Shows (21 und 23.30 Uhr), am Wochenende drei (1 Uhr).
131 West 3rd Street; Tel. 475-8592; U-Bahn: Washington Square (b 4)

Knitting Factory ■ D 18, S. 117
Hier wird nicht nur Jazz angeboten, hier erklingen auch experimentelle Geräusche aller Art. Für die Freunde der Avantgarde.
74 Leonard Street (zwischen Broadway und Church Street); Tel. 219-3055; U-Bahn: Franklin Street (b 5)

Sweet Basil ■ b 2, S. 79
88 7th Avenue South (Bleecker Street); Tel. 242-1785; Eintritt Di–Sa 20 $, So und Mo frei; U-Bahn: Christopher St. (a 4)

Village Vanguard ■ b 1, S. 79
Seit 50 Jahren strömen die Fans in diesen populären Keller. Shows um 21.30 und 23 Uhr, am Wochenende auch um 1 Uhr.
178 7th Avenue South/11th Street; Tel. 255-4037; Eintritt 15 $, Wochenende 20 $; U-Bahn: 7th Ave./14th St. (a 4)

Kinos

Die New Yorker sind leidenschaftliche Filmfreunde. Vor allem an den Wochenenden stauen sich vor den Uraufführungskinos schier endlose Schlangen. Aber auch wer einen älteren Film verpasst hat, kann in New York seine Bildungslücken füllen. Anders als in Deutschland gibt es in der Regel keinen Kartenvorverkauf. Man muss sich also rechtzeitig vor der Vorstellung, die man sehen will, am Kino einfinden. Die Anfangszeiten variieren mit jedem Film: In »New York« und »The New Yorker« finden Sie neben kurzen Inhaltsangaben auch die Telefonnummer des Kinos; ein Anrufbeantworter teilt Ihnen dann die jeweiligen Anfangszeiten mit.

Die dichteste Konzentration von Uraufführungskinos finden Sie an der Second und Third Avenue zwischen 57th und 72nd Street. Ausländische Filme sind am oberen Broadway zu finden, die meisten Kunst- und Wiederaufführungskinos im Village. Für den Cineasten dürften folgende Adressen von besonderem Interesse sein:

Oben: Wenn der Abend naht, steigen Sie besser auf die Yellow Cabs um – New Yorks gelb lackierte Taxis.

Mitte: In Theatern gibt es keine Kleidervorschriften – in vielen Restaurants, Nightclubs und Diskos sehr wohl.

Unten: Unbestritten war und ist New York die Hauptstadt des Jazz.

Alice Tully Hall ■ B 12, S. 112
Das New York Film Festival findet hier in jedem Jahr von Ende September bis Anfang Oktober statt. Rechtzeitige Kartenbestellung wird empfohlen.
Broadway/65th Street; Tel. 875-5050 und 721-6500; U-Bahn: Lincoln Center (a 3)

Film Forum ■ c 3, S. 79
Drei Kinos, die avantgardistische und historische Filme zeigen.
209 West Houston Street/6th Avenue; Tel. 727-8110; U-Bahn: Houston St. (b 5)

Lincoln Plaza Cinemas ■ B 12, S. 112
Europäische Filme.
Broadway zwischen 62nd und 63rd Street; Tel. 757-2280; U-Bahn: Lincoln Center (a 3)

Museum of Modern Art ■ C 12, S. 114
Das Museum beherbergt Amerikas größte Filmsammlung. Täglich (außer Mi) wechselnde Filme.
11 West 53rd Street; Tel. 708-9480; U-Bahn: Rockefeller Center (b 3)

Walter Reed Theater ■ B 12, S. 112
Eleganter Kinosaal des Lincoln Center, wo Retrospektiven veranstaltet und ausgefallene Filme gezeigt werden.
165 West 65th Street (Aufgang neben Alice Tully Hall); Tel. 875-5600; U-Bahn: Lincoln Center (a 3)

Konzerte

New York ist eine Musik liebende Stadt. Wenn Sie wollen, können Sie jeden Tag Dutzende von Konzerten besuchen. Für nicht ausverkaufte Veranstaltungen – also auch für Oper und Ballett – gibt es am selben Tag Karten zum halben Preis in der Verkaufsbude am Bryant Park hinter der Public Library (42nd Street zwischen 5th und 6th Avenue). Der Verkaufsstand ist mittwochs und samstags ab 11 Uhr geöffnet, an allen anderen Tagen (außer Mo) ab 12 Uhr. Die interessantesten Konzerte finden in den folgenden drei Sälen statt:

Alice Tully Hall ■ B 12, S. 112
Das nördlichste Gebäude des Lincoln Center beherbergt den Kammermusiksaal, der auch vom New York Film Festival genutzt wird.
Broadway und 65th Street; Tel. 875-5050; U-Bahn: Lincoln Center (a 3)

Avery Fisher Hall ■ B 12, S. 112
Der Konzertsaal des Lincoln Center wurde zunächst wegen seiner miserablen Akustik scharf kritisiert. Nach einem kostspieligen Umbau haben sich die Verhältnisse hörbar gebessert. In der Avery Fisher Hall spielen die New Yorker Philharmoniker unter ihrem Leiter Kurt Masur, aber auch unter zahlreichen Gastdirigenten.
Broadway und 64th Street; Tel. 875-5030 und 721-6500; U-Bahn: Lincoln Center (a 3)

Carnegie Hall ■ C 13, S. 114
Dieser über hundertjährige Konzertsaal wurde gründlich renoviert und erstrahlt wieder in alter Pracht.
57th Street/7th Avenue; Tel. 247-7800; U-Bahn: 7th Ave./57th St. (a 3)

MERIAN-Tipp

Um den romantischen Abend abzurunden, werfen Sie nach der Oper, dem Musical oder dem festlichen Dinner noch einen Blick auf das nächtlich funkelnde New York. Die **Aussichtsterrasse des Empire State Building** ist bis Mitternacht geöffnet. An klaren Tagen bietet sich ein Rundblick von 70 Kilometern. Hier hauchte der unglücklich verliebte King Kong sein Leben aus. (Gedreht wurden die berühmten Szenen allerdings im Studio.) Eintrittskarten im Untergeschoss (9 $, Kinder und Senioren 4 $) ■ D 15, S. 115

Musicals

Für viele ist das Musical der Inbegriff des New Yorker Nachtlebens. Tatsächlich wäre ein Besuch der Stadt ohne Musical unvollständig. Gespielt werden die meisten Musicals in den rund 40 Theatern, die nördlich des Times Square zwischen Broadway und Eighth Avenue angesiedelt sind – jener Gegend also, die gemeint ist, wenn man vom »Broadway« spricht. Über die aktuellen Programme unterrichten »New York«, »Time out«, »The New Yorker« oder »Village Voice«.

Erfolgreiche Musicals sind ständig ausverkauft. Wer Plätze im Parkett (**orchestra**) oder im vorderen Rang (**front mezzanine**) haben will, muss sich schon Monate vorher um Karten bemühen. Für einen guten Platz muss man mit 75 $ rechnen. Für die Nachmittagsvorstellungen mittwochs und samstags ist es oft leichter, Karten zu bekommen.

Oper

New York besitzt zwei Opernhäuser. Beide gehören zum Lincoln Center und liegen direkt nebeneinander.

Metropolitan Opera ■ B 12, S. 112
Eines der drei oder vier Spitzeninstitute der Welt. Musikalischer Leiter ist James Levine. Die Saison dauert von Oktober bis Mai. Gute Parkettplätze kosten zwischen 100 und 225 $. Rechtzeitige Vorbestellung wird dringend empfohlen.
Broadway/63rd Street; Tel. 362-6000; U-Bahn: Lincoln Center (a 3)

New York City Opera ■ B 12, S. 112
Nach dem Tod des begabten Direktors Christopher Keene ist die Zukunft dieses zweiten New Yorker Opernhauses ungewiss. Das gängige Repertoire kommt über Stadttheater-Niveau nur selten hinaus. Dafür gibt es manchmal Rares zu sehen.
New York State Theater, Broadway/63rd Street; Tel. 870-5570; U-Bahn: Lincoln Center (a 3)

Sex

In New York gibt es 3500 Kirchen und Synagogen, die fleißig genutzt werden. Zugleich ist New York aber auch das Sündenbabel unserer Zeit. Zwar finden Sie hier keine staatlich konzessionierten »Eros-Zentren« wie in Deutschland. Callgirls annoncieren – mit Telefonnummer und detaillierten Angaben zur Person – in der Zeitschrift »Screw«, die Sie auch über Sex-Shows, SM-Klubs und ähnliche Darbietungen ins Bild setzt. Eine reiche Auswahl von Callboys findet der interessierte Herr in den Zeitschriften »Unzipped« und »Next Magazine« – gleichfalls mit allen erforderlichen Details. Die dichteste Ansiedlung von **gay bars** bietet die Christopher Street im Village; für Kontakte ist hier nicht das Geld, sondern die Sympathie ausschlaggebend. Ein guter Rat: Nehmen Sie keine Unbekannten mit auf Ihr Hotelzimmer!

Theater

Die 40 »Broadway«-Theater mit den publikumswirksamen Zugstücken konzentrieren sich nördlich des Times Square auf wenige Straßen. Daneben gibt es etwa 200 weitere Bühnen – »off-Broadway theaters« und »off-off-Broadway theaters« genannt. Die Programme plus kurze Inhaltsangabe sind wieder den Wochenzeitschriften »New York«, »Time out« und »The New Yorker« zu entnehmen. Verfügbare Karten können am selben Tag zum halben Preis erworben werden, und zwar (mit längerem Warten) am TKTS-Kiosk am nördlichen Ende des Time Square oder (ohne Warteschlange) im Turm 2 des World Trade Center. Der Verkauf beginnt um 11 Uhr, sonntags um 12 Uhr.

EXTRA: New York mit Kindern

Natürlich gibt es in New York eine Reihe von Sehenswürdigkeiten, die für Kinder besonders geeignet sind. Dazu gehören vor allem die **Brooklyn Bridge,** ein Spaziergang im **Central Park** (einschließlich Rollschuh- oder Schlittschuhlaufen), der **Bronx-Zoo, Coney Island,** das **Empire State Building** und der **South Street Seaport** (Einzelheiten im Kapitel »Sehenswertes«, S. 46).

Man muss es nicht schönreden: New York ist keine sonderlich kinderfreundliche Stadt. Besichtigungen sind anstrengend und erfordern Vorbereitung. Hier trotzdem ein paar Tipps.

Unter den Museen sind in erster Linie das **American Museum of Natural History** und das **Museum of Television and Radio** (→ Museen, S. 50, 56) zu nennen. Daneben gibt es mit den **Children's Museums** in New York spezielle Museen für Kinder. So können die Kids etwa in einem »Fernsehstudio« ihre eigenen Videos produzieren (Children's Museum of Manhattan; 212 West 83rd Street; Tel. 721-1223).

Das **Spielwarengeschäft F. A. O. Schwarz** (Fifth Avenue, zwischen 58th und 59th Street, → S. 66) ist weltberühmt; allerdings droht dort noch mehr als sonst die ernste Gefahr, dass sich die Kleinen mit der bloßen Besichtigung der tollen Sachen nicht zufrieden geben wollen.

Faszinierende Spielwarenwelt auf drei Etagen – F. A. O. Schwarz an der Fifth Avenue.

Der lange Anmarsch zur Freiheitsstatue kann für Kinder ermüdend sein: Um sie bei Laune zu halten, empfiehlt es sich, stattdessen die Fähre nach Staten Island zu nehmen und »Lady Liberty« im Vorbeifahren zu grüßen.

Vielleicht genauso interessant (vor allem bei schönem Wetter) sind die etwa dreistündigen Rundfahrten um Manhattan mit der **Circle Line** (→ Stadtrundfahrten, S. 101); eine etwa 50-minütige Tour um Manhattans Südspitze herum geht vom South Street Seaport ab.

Ein Erlebnis, das auch Erwachsene wieder in Kinder verwandelt, ist die Vorweihnachtszeit, wenn sich die ganze Stadt in ein glitzerndes Fantasieland verwandelt. Insbesondere das **Magnificent Christmas Spectacular**, die Weihnachtsschau in der Radio City Music Hall, wird kein Kind vergessen.

NIcht minder beliebt ist der vorweihnachtliche »Nussknacker« des New York City Ballet (→ S. 67), doch muss man die Karten schon Wochen vorher bestellen.

Die Bronx gehört an sich zu den Stadtteilen, die der Tourist in aller Regel nicht besucht. Daran tut er gut: Vor allem die **South Bronx** bietet einen trostlosen Anblick. Ganze Straßenzüge ausgebrannter Häuser sind ein deutliches Zeichen für die verzweifelte Lage vieler Schwarzer, die sich angesichts trüber Zukunftsaussichten in Drogenrausch und Kriminalität flüchten.

Der Tierfreund sollte sich dadurch von einem Ausflug in den **Bronx-Zoo** – der weiter im Norden liegt – nicht abschrecken lassen: Mit 2,4 Millionen Besuchern pro Jahr ist er eine der beliebtesten Attraktionen New Yorks. Die meisten der 3800 Tiere sind nicht hinter Gittern, sondern in ihrer natürlichen Umwelt zu sehen. Empfehlenswert sind vor allem die Rundfahrt mit der »Skyfari«-Hochbahn und die Reise mit dem »Bengali Express« durch »Wild Asia« (beide April bis Oktober). Weitere Höhepunkte sind »Lion's Island«, »World of Birds« (ein tropischer Regenwald mit über 100 Vogelarten) und »World of Darkness« (Nachttiere, die durch einen optischen Effekt getäuscht werden, so dass sie den Tag für die Nacht halten und wir sie im Wachzustand erleben). Nördlich unmittelbar angrenzend an den Zoo liegt der größte **Botanische Garten** der Stadt (New York Botanical Gardens).

Haupteingang: Bronx Park South/Boston Road; U-Bahn: Linie 2 und 5, Station East Tremont Ave.; tgl. 10 –17 Uhr, an Wochenenden im Sommer 10 –17.30 Uhr

Mitbringsel für den kindlichen Geschmack sind bei **Coca Cola** (711 Fifth Avenue) und bei **Warner Brothers** (1 East 57th Street) zu finden.

Im übersichtlichen Straßennetz New Yorks findet sich auch der ortsunkundige Besucher in der Regel schnell zurecht. Lassen Sie sich zu drei Spaziergängen an die Hand nehmen!

Die Brooklyn Bridge mit einer Spannweite von 486 Metern galt als das spektakulärste Bauwerk seiner Zeit (→ S. 35).

Greenwich Village

Greenwich Village – von den Einheimischen nur **the Village** genannt – ist quasi das New Yorker Gegenstück zu Münchens Schwabing und zum Montmartre in Paris. Geografisch gesehen ist damit der Bezirk gemeint, der im Norden von der 14th Street, im Osten vom Broadway, im Süden von der Spring Street und im Westen vom Hudson River begrenzt wird. Statt des übersichtlichen Gitternetzes von Avenues und Streets, das die Orientierung in New York so leicht macht, herrscht hier ein geradezu wüstes Durcheinander: Rechte Winkel sind selten; die meisten Straßen tragen keine Nummern, sondern – wie in Europa – Namen. Selbst Taxifahrer verirren sich hier regelmäßig. Auch Sie sollten im Village stets einen Stadtplan bei sich tragen.

Das »Village« ist zwar längst nicht mehr das Künstlerviertel, das es einst war. Dank der NYU mit ihren 35 000 Studenten ist es jedoch jung geblieben.

Als das Dorf Greenwich 1696 gegründet wurde, lag es weit außerhalb der Stadt. Im Laufe des 18. und 19. Jahrhunderts bauten sich wohlhabende New Yorker, die das Grüne liebten, hier ihr Landhaus. Andere kamen nach Greenwich, weil ihnen der Boden in New York zu heiß wurde – so der wortgewaltige Schriftsteller Thomas Paine, der wegen seiner freisinnigen Ansichten in Ungnade gefallen war: Er starb 1809 in der Grove Street (Nr. 59, jetzt eine **gay bar**). Wieder andere flohen hierher, um sich vor den Pocken und Gelbfieber-Epidemien in Sicherheit zu bringen.

Das Dorf bekam allmählich städtische Züge – wovon Namen wie Commerce oder Bank Street noch heute zeugen. Um die Mitte des 19. Jahrhunderts folgten Maler und Schriftsteller: Hauptquartier der so genannten »Hudson River School« war ein – 1959 demoliertes – Ateliergebäude in der Tenth Street.

Hauptquartier der »Hudson River School«.

Ganz in der Nähe wohnte Mark Twain (14 West 10th Street). Im Hause 85 West 3rd Street schrieb Edgar Allan Poe den »Untergang des Hauses Usher«. In der West Street, am Ufer des Hudson, versah Herman Melville das ungeliebte Amt eines Zollinspektors.

Im 20. Jahrhundert festigte sich der Ruf des Village als Dorado von Freigeistern und Bohemiens. Obwohl sich die meisten Künstler inzwischen, weil ihnen die Mieten zu hoch geworden sind, längst in andere Stadtteile abgesetzt haben, ist die eigentümliche Atmosphäre – halb dörflich, halb subversiv – erhalten geblieben.

Dorado von Freigeistern und Bohemiens.

Kein Wunder, dass das Village neben dem Castro District in San Francisco die weltweit höchste Konzentration von Homosexuellen aufweist. Am besten eingefangen wird die besondere Atmosphä-

re von der »Village Voice«, einer 1955 gegründeten Wochenzeitschrift, die den Idealen der Beatgeneration treu geblieben ist. Die günstigste Zeit für einen Bummel ist der Abend: Dann zeigt sich das Village von seiner farbigsten Seite.

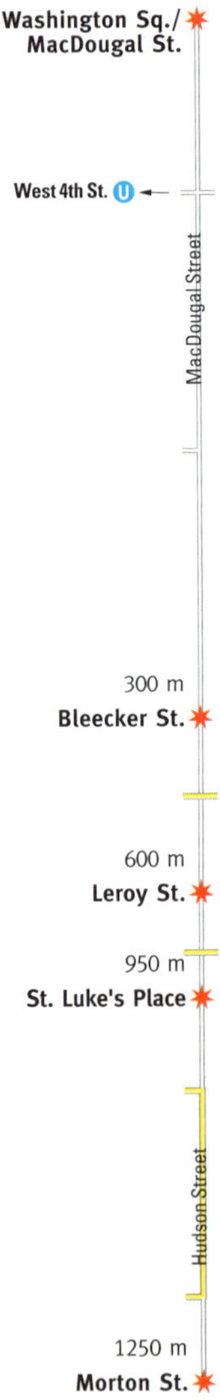

An der Südwestecke des Washington Square gehen wir die Mac Dougal Street hinunter. Gleich rechter Hand (Nr. 133) steht das Provincetown Playhouse, das in der amerikanischen Theatergeschichte eine bedeutende Rolle spielte: Rund ein halbes Dutzend der frühen Stücke Eugene O'Neills wurden hier uraufgeführt.

In den zwanziger Jahren wimmelte die Mac Dougal Street von Literatencafés mit drolligen Namen wie The Fat Black Pussy Cat oder The Dragon's Den. Zwei von ihnen existieren noch: Café Reggio (Nr. 121) und Minetta Tavern (Nr. 113), letztere während der Prohibitionszeit eine viel besuchte Mondscheinkneipe (»speakeasy«). Im Hinterzimmer stellen Fresken die Geschichte des Village dar. Gleich um die Ecke, 1 Minetta Lane, erschien 1922 zum ersten Mal »Reader's Digest« – mit einer Startauflage von 5000 Exemplaren (heute: 16 Millionen).

An der Bleecker Street angekommen, wenden wir uns nach rechts, überschreiten die Sixth Avenue (auch Avenue of the Americas genannt) und biegen hinter der – weiter nicht sonderlich bemerkenswerten – Church of Our Lady of Pompeij in die Leroy Street ein. Jenseits der Seventh Avenue macht die Leroy Street einen leichten Knick und ändert vorübergehend ihren Namen: Das Straßenstück mit dem Freibad heißt St. Luke's Place und überrascht mit einer besonders eleganten Häuserzeile. In Nr. 16 begann Theodore Dreiser seine Arbeit an der »American Tragedy«.

In Nr. 6 wohnte Jimmy Walker, New Yorks korrupter, aber populärer Bürgermeister, der die Stadt in den zwanziger Jahren regierte. Die beiden Laternen vor dem Haus waren, bevor die Bürgermeister in einen Amtssitz auf der Upper East Side umzogen, das übliche Ehrenzeichen für »His Honor«.

Sehr hübsch ist auch Morton Street, die nördliche Parallelstraße zu St. Luke's Place. Von dort geht es zweimal links in die Commerce Street. Bemerkenswert ist das Cherry Lane Theater, wo 1951 das Living Theater erstmals vor die Öffentlichkeit trat. Auch Becketts »Warten auf Godot« und »Endspiel« erlebten hier ihre amerikanische Uraufführung.

Die beiden absolut identischen Häuser gegenüber dem Theater, 39–41 Commerce Street, heißen im Volksmund »The Twin Sisters«. Angeblich hat sie ein Kapitän für seine beiden verfeindeten Töchter gebaut. Gegenüber steht das Restaurant Orange Hall, das amerikanische Küche »frisch von der Farm« anbietet: ein guter Ort für eine kleine Pause.

Über Barrow und Hudson erreichen wir Grove Street. Das schmale Gittertor zwischen Nr. 10 und 12 ist der Eingang zum Grove Court, einem malerischen Hof mit efeubewachsenen Häusern. Hier spielt »The Last Leaf«, O. Henrys schönste Kurzgeschichte: Sie handelt von einem trunksüchtigen Maler, der ständig davon faselt, er sei der Welt noch sein Meisterwerk schuldig – das natürlich nie zustande kommt. Im selben Hause wohnt Joanna, ein lungenkrankes Mädchen. In ihrem Fieberwahn redet sie sich ein, sie werde sterben, sobald der Efeu vor ihrem Fenster sein letztes Blatt verloren habe. Tatsächlich verliert der Strauch während eines Wintersturms fast alle seine Blätter.

Morton St.
1500 m
Commerce St.
1550 m
Grove St.

Die Gay Parade im Village – hier nahm die sexuelle Revolution einst ihren Anfang.

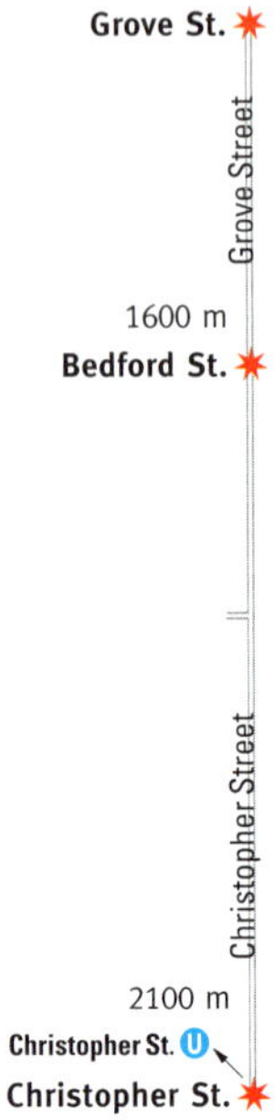

Nur ein einziges Blatt bleibt am Ast hängen. Die Kranke nimmt dies als Wink der Vorsehung, schöpft neuen Mut und wird wieder gesund. Erst später erfährt sie, dass man den Maler tot am Fuße einer Leiter gefunden hat, von der er, wieder einmal betrunken, gefallen war. Er hatte das Efeublatt nachts auf die Mauer gemalt – sein »Meisterwerk«.

An der Ecke Grove und Bedford Street finden wir zwei auffällige Holzhäuser. Das größte baute sich ein Posamentenmacher 1822; im kleineren hatte er seine Werkstatt. Rechter Hand (außerhalb des eingezeichneten Rundgangs) steht das schmalste Haus New Yorks; die Hausnummer 75½ Bedford Street zeigt, dass auch die Stadtverwaltung das 2,85 Meter breite Gebäude lediglich als halbe Portion betrachtet. Gegenüber (Nr. 86) das Literatencafé Chumley's: Während der Prohibition ein bekanntes »speakeasy«, ist es auch nach Aufhebung des Alkoholverbots so populär geblieben, dass es bis heute auf ein Ladenschild verzichtet.

Wir wenden uns nun nordwärts. Auf der Christopher Street fällt unser Auge auf das Lucille Lortel Theater. Es ist das alte Theatre de Lys, wo Lotte Lenya neun Jahre lang als Seeräuber-Jenny in der »Dreigroschenoper« Triumphe feierte.

Heute ist die Christopher Street bei Einheimischen wie bei Besuchern vor allem als Inbegriff des schwulen New York bekannt; es gibt sogar eine Zeitschrift dieses Namens. Die homosexuelle Subkultur ist im Zeitalter von Aids freilich nicht mehr, was sie in den sechziger und siebziger Jahren war: Die Saunen und **dark-rooms** sind verschwunden. Aber viele der **gay bars** in der Christopher Street existieren noch – je weiter dem Hudson zu, desto rauer und bärtiger. Das Stonewall Inn (53 Christopher Street), wo sich 1969 die Homosexuellen erstmals gegen eine Razzia zur Wehr setzten und der Polizei eine Straßenschlacht lieferten, hat nach einer wechselvollen Geschichte wieder zu seiner früheren Bestimmung zurückgefunden. Jeder Jahrestag des »Stonewall-Aufstands« wird Ende Juni durch die **gay parade** gefeiert, bei der der Bürgermeister der Stadt mit an der Spitze des Zuges marschiert.

Die Christopher Street ist weiterhin das Zentrum des schwulen New York.

Dauer: ca. 1 Stunde; **Karte:** C 17, S. 116

Wall Street und Finanzdistrikt

10

Mit dem Kurfürstendamm und den Champs-Élysées gehört die Wall Street zu den berühmtesten Straßen der Welt. Anders als ihre deutsche und französische Schwester ist sie jedoch keine Flaniermeile, sondern eine Straße, in der Business mit einem ganz großen B geschrieben wird. Die Wall Street und ihre Nachbarstraßen beherbergen die dichteste Konzentration von Banken und Börsen auf dem Globus – ein Zentrum der Macht. Wenn Sie das Flair des Viertels mitbekommen wollen, sollten Sie es unbedingt an einem Werktag besuchen. Besonders um die Mittagszeit wimmelt es in den Straßenschluchten geradezu von hungrigen Menschen, die zu ihrem Futtertrog eilen. Am Wochenende ist die Wall Street dagegen wie ausgestorben.

Die dichteste Konzentration von Banken und Börsen auf dem Globus.

Angefangen hat alles im Mai 1792 mit dem Buttonwood-Vertrag – so genannt nach einem Baum am östlichen Ende der Wall Street, unter dem die ersten Börsengeschäfte abgewickelt wurden. Nur bei schlechtem Wetter zogen sich die Makler in eine Taverne zurück. In dem Vertrag einigten sie sich auf bestimmte Spielregeln und legten damit den Grundstein zu einem geordneten Wertpapierhandel.

Die Grundlage zu einem geordneten Wertpapierhandel: der Buttonwood-Vertrag.

Wir beginnen unseren Spaziergang am entgegengesetzten Ende der Wall Street – dort, wo sie in den Broadway mündet (U-Bahn-Station der Linien 4 und 5). Auf der gegenüberliegenden Straßenseite steht die Trinity Church. Wir können uns heute kaum noch vorstellen, dass die zierliche, 1846 gebaute Kirche für ein halbes Jahrhundert lang New Yorks höchstes Bauwerk war. Sie war ein so großer Erfolg, dass sie die Gotik in der Neuen Welt heimisch machte. Nicht nur gotische Kirchen, auch gotische Stadthäuser und Wolkenkratzer schossen bald wie Pilze aus dem Boden. Die Zwillingshäuser Nr. 111 und 115 Broadway nördlich der Kirche haben sogar gotische Fahrstühle.

Auf dem Friedhof der Trinity Church sind Robert Fulton und Alexander Hamilton begraben, der Erfinder des Dampfschiffs und Amerikas erster Finanzminister, der bei einem Duell ums Leben kam.

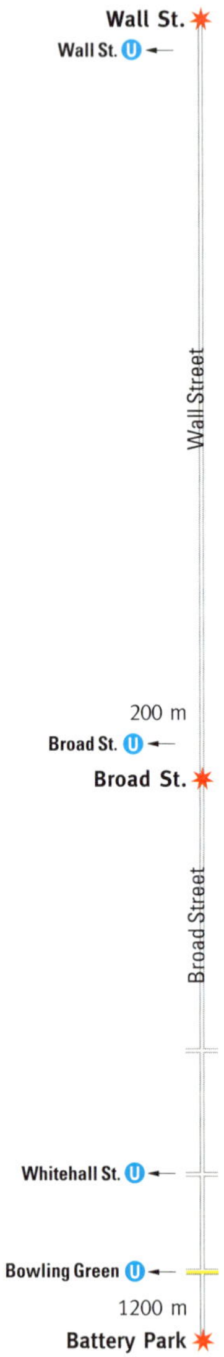

Wir gehen jetzt in die Wall Street hinein. Dabei fällt unser Blick auf einen dorischen Tempel, das Federal Hall National Memorial. Der Tempel stammt aus dem Jahr 1842 und diente ursprünglich als Zollamt. Heute ist er eine Gedenkstätte für das erste Kapitol des Landes, das vorher an der gleichen Stelle stand: In der kurzen Zeit (1784–1790), in der New York Landeshauptstadt war, tagte hier der Kongress. Das Denkmal davor erinnert daran, dass George Washington am 30. April 1789 auf dem Balkon seinen Amtseid als erster Präsident der Vereinigten Staaten ablegte. Die Festung gegenüber (23 Wall Street) ist der Sitz der Morgan Guaranty Trust Company. Einige klaffende Löcher in der Marmorwand beweisen, dass sich Vater und Sohn Morgan beim Zusammenraffen ihres Vermögens nicht nur Freunde machten: Am 16. September 1920, zur Lunchzeit, parkte ein herrenloser Pferdewagen vor der Bank. Plötzlich gab es eine ohrenbetäubende Explosion. Das Pferd sowie 33 Menschen wurden getötet, weitere 400 Menschen verletzt. Wer hinter dem Anschlag stand, konnte nie geklärt werden.

In der Broad Street bemerken wir rechter Hand einen zweiten, nicht minder eindrucksvollen Tempel, diesmal mit korinthischen Säulen. Dies ist die Wertpapierbörse (New York Stock Exchange). Im Zentrum des Giebeldreiecks breitet eine Dame beschwörend die Arme aus. Es handelt sich um eine allegorische Darstellung der Ehrbarkeit. Die krummen Insidergeschäfte der letzten Jahre zeigen allerdings, dass die Ehrbarkeit, wenn hohe Gewinne winken, mitunter schnell auf der Strecke bleibt. Interessenten sind eingeladen, das aufgeregte Treiben von der Galerie aus zu verfolgen (Eingang: 20 Broad Street; Eintritt frei; da die Zahl der täglich ausgegebenen Karten begrenzt ist und vor allem im Sommer mit Wartezeiten zu rechnen ist, sollten Sie sich vor 12 Uhr einfinden).

Über die Bridge Street erreichen wir den Battery Park an der Südspitze Manhattans. Der pompöse Palast, der uns als Erstes ins Auge sticht, ist die ehemalige Zollverwaltung (**Custom House**). Heute residieren hier statt des Zolls das Konkursgericht und das Indianermuseum. Im Castle Clinton, einem wenig ansehnlichen Rundbau, wurden mehr als sieben Millionen Einwanderer abgefertigt, bevor 1892 Ellis Island in Betrieb genommen wurde. Weiter nördlich betreten wir nun Baugelände. Auf der bei der Errichtung des World Trade Center ausgeschachteten Erde entsteht hier ein ganz neues Viertel, die Battery Park City, ein erstaunlich geglücktes Ensemble postmoderner Architektur, das, wenn es vollendet ist, 25 000 Einwohner beherbergen soll. Als Erstes fertig wurde das World Financial Center mit seinem palmengeschmückten Wintergarten. Hier können Sie auch einkaufen und essen. Von der Uferpromenade – der einzigen Manhattans – hat man eine besonders schöne Aussicht auf die Freiheitsstatue.

Den logischen Abschluss des Spaziergangs bildet ein Besuch der Bauwerke, denen die Battery Park City ihr Entstehen verdankt – des World Trade Center. Das Observation Deck auf dem Turm Nr. 2 ist täglich von 9.30 bis 21.30 Uhr geöffnet; Eintrittskarten im Mezzanin. Dort starten auch die für ihre Geschwindigkeit berühmten Aufzüge: Bis zur Spitze benötigen Sie weniger als eine Minute. Was Sie oben erwartet, ist eine der großartigsten Aussichten auf Manhattan.

Dauer: ca. 2 Stunden; **Karte:** → C 19 – D 20, S. 116/117

Battery Park

1250 m

Uferpromenade

2000 m

→ U **World Trade Ctr.**

World Trade Center

Banken, Börsen und Business prägen das Bild der berühmten Wall Street.

Zwischen Village und Downtown

Massenhaft beziehen chinesische Einwanderer die einst jüdischen oder italienischen Quartiere.

In SoHo gibt die Stadt sich künstlerisch und modisch, in Little Italy mediterran, auf der Lower East Side jüdisch und in Chinatown fernöstlich.Die Grenzen zwischen den vier Vierteln verlaufen keineswegs scharf. Vor allem die aus dem Mutterland und Hongkong nachdrängenden Chinesen greifen kräftig nach allen Seiten aus. Ganze Straßenzüge, die einst jüdisch oder italienisch waren, befinden sich heute in chinesischer Hand.

SoHo (SOuth of HOuston Street) hat in der Geschichte mehrmals seinen Charakter gewechselt. In der ersten Hälfte des 19. Jahrhunderts war es der am dichtesten besiedelte Teil Manhattans – es gab elegante Villen, Hotels, Restaurants, aber auch Etablissements zweifelhaften Rufs. In der zweiten Hälfte des 19. Jahrhunderts zog die elegante Welt weiter nordwärts. Ihren Platz nahmen Lagerhäuser, Fabriken und Kontore ein.

Als der Zweite Weltkrieg zu Ende ging, war ein großer Teil der Industriebetriebe eingegangen. Die Lagerhallen erwiesen sich nun als geeignete Ateliers für Künstler. Ihnen folgten die Galeristen, denen die Upper East Side zu konservativ war. SoHo wurde zum Hauptquartier der amerikanischen Avantgarde und ist es bis heute geblieben.

Little Italy ist dagegen auf dem besten Wege, seinen Geist aufzugeben. Von dem wimmelnden italienischen Leben sind nur noch die **ristoranti** und **trattorie** in der Mulberry Street übrig geblieben. Auch die **Lower East Side** ist nicht mehr, was sie einmal war. Zwischen 1880 und dem Ersten Weltkrieg, als die Pogrome Millionen russischer Juden über den Atlantik trieben, war die Lower East Side das neue Jerusalem einer besseren Welt. Die einst zahlreichen Synagogen und koscheren Restaurants sind auf einen kläglichen Restbestand zusammengeschmolzen.

Von 500 Synagogen ist vielleicht ein Dutzend übrig geblieben.

Chinatown, früher auf wenige Straßen südlich der Canal Street beschränkt, dehnt sich heute weit in den Norden und Osten aus.

Machen Sie es wie die New Yorker, und legen Sie Ihren Bummel durch SoHo auf einen Sonntag! Der West Broadway (nicht zu verwechseln mit dem Broadway), das Rückgrat von SoHo, endet an der Houston (gesprochen: Hausten) Street. Wir machen es umgekehrt und beginnen hier unseren Spaziergang. Er führt uns an populären Restaurants vorbei (Tre Merli, Nr. 463; Barolo, Nr. 398), an weltberühmten Galerien (Leo Castelli, Nr. 420; Mary Boone, Nr. 417) und attraktiven Geschäften (Rizzoli, Nr. 454; Ad Hoc, Nr. 410). An der Broome Street wenden wir uns links. Das prächtige Gebäude rechter Hand (240 Centre Street) ist das alte Polizeipräsidium von 1909 (heute Eigentumswohnungen).

Gleich dahinter biegen wir nach rechts in die Mulberry Street ein, wo sich ein italienisches Restaurant an das andere reiht. In Umberto's Clam House an der Ecke Hester Street wurde im April 1972 »Crazy Joey« Gallo, einer der gefährlichsten Mafiosi, durch eine Maschinengewehrsalve liquidiert. Die Täter wurden nie gefasst. An der Canal Street wechseln wir in die nächste Parallelstraße über, in die Mott Street, das Herz von Chinatown. Die Restaurants hier sind eher schlicht und billig. Lassen Sie sich dort nieder, wo viele Chinesen sind. Der buddhistische Tempel an der Ecke (83 Mott Street) ist das Hauptquartier der Ong Leong, eines halbkriminellen Geheimklubs (tong), dem viele Geschäfte »Schutzgelder« zahlen. Sein mächtigster Konkurrent, die Hip Sing, residiert in einem anderen Tempel (16 Pell Street). Früher trugen die chinesischen Banden ihre Straßenschlachten gern in der Doyers Street aus.

Wir gehen unter der Manhattan Bridge hindurch, werfen einen Blick auf die älteste (1887) erhaltene Synagoge New Yorks (14 Eldridge Street) und sind nun in der Orchard Street mit ihren reizlosen, aber preiswerten Boutiquen. Wer sich ein Bild von den entsetzlichen Wohnverhältnissen machen will, mit denen jüdische Einwanderer vorlieb nehmen mussten, sollte sich einen Besuch des Tenement Museum (97 Orchard Street) nicht entgehen lassen. Über die Greene Street, die mit Zeugnissen der **cast-iron architecture** besonders reich bestückt ist, kehren wir zu unserem Ausgangspunkt zurück.

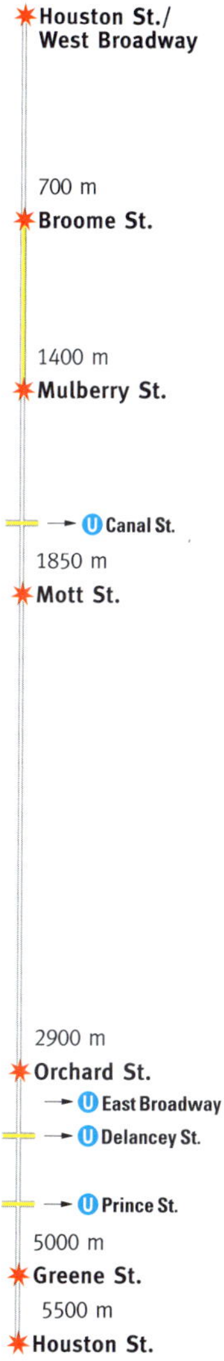

Dauer: 1,5 Stunden; **Karte:** → D 17 – E 18, S. 117

Sonnenhungrige New Yorker drängen wochenends zu den endlosen Stränden von Long Island. Wer die Abgeschiedenheit vorzieht, fährt den Hudson hoch nach »Upstate New York«.

Die Hamptons: Long Island – der Süden

Long Island, die mit Manhattan durch Brücken und Tunnel verbundene, gut 180 km lange Insel, ist für die New Yorker, was der Wannsee für die Berliner ist – in der Hauptsache eine Badegelegenheit. Die beliebtesten Strände liegen im Süden von Long Island. New York am nächsten gelegen ist Jones Beach, etwas weiter befindet sich der Robert Moses State Park auf Fire Island, einer vorgelagerten Nehrung. Noch weiter östlich liegen die mondänen »Hamptons« mit ihren Hauptorten Southampton und East Hampton.

Die Verehrer von Max Frisch werden es sich nicht nehmen lassen, bis zur Spitze der Insel nach Montauk vorzustoßen. (Die Liebesgeschichte, von der in der gleichnamigen Erzählung die Rede ist, spielte sich im teuren »Guerney's Inn« ab.)

Einige der Strände auf Fire Island – Cherry Grove, Fire Island Pines – werden überwiegend von Homosexuellen aufgesucht; sie sind nur mit einer Fähre zugänglich.

Der größte und eleganteste Ort der »Hamptons« ist Southampton. Die Wahrscheinlichkeit, dass Sie hier einem bekannten Schriftsteller oder Schauspieler in die Arme laufen werden, ist beträchtlich. In der hübschen Main Street finden Sie nicht nur schicke Läden aller Art, sondern auch Halsey Homestead, das 1648 erbaute und damit älteste Haus im gesamten Staate New York (im Sommer Di–Do von 11–16.30 Uhr geöffnet). Das im 17. und 18. Jh. gebaute **Old Post House Inn** (136 Main Street) ist, wenn Sie während der Hochsaison reisen, mit Sicherheit ausgebucht; begnügen Sie sich stattdessen mit dem Restaurant. Am ersten Wochenende im September (Labor Day) feiern die Indianer aus dem nahe gelegenen Shinnecock-Reservat in Southampton ihr traditionelles Tanzfest (»PowWow«).

Auch das kleinere East Hampton hat viel Stil. Die Main Street mit ihren anheimelnden alten Häusern, Geschäften und Restaurants (das älteste und beste: **1770 House**) könnte einem Bilderbuch entnommen sein. East Hampton hat stets Künstler angezogen. Auf dem Cedar Lawn Cemetery (Cooper Lane) ist der führende amerikanische Impressionist, Childe Hassam, begraben, auf dem Green River Cemetery (Accabonac Road) Jackson Pollock.

Wer sich für die Geschichte des Walfangs interessiert, sollte einen Abstecher zum Whaling Museum in Sag Harbor nicht versäumen (Main Street; im Sommer Mo–Sa 10–17, So 10–13 Uhr).

Unter den Stränden der Hamptons sind bei den New Yorker Singles die Main Beach in East Hampton und die Atlantic Avenue Beach in Amagansett am beliebtesten.

Informationen

Anfahrt: Mit dem Auto über den Long Island Expressway (495) oder den Southern State Parkway; **Dauer:** Tagesausflug; **Karte:** → ■ b 3–c 2, S. 93

Oben: Auf Long Island kann man noch Ruhe und Abgeschiedenheit finden.

Mitte: Bei Montauk, dem östlichsten Punkt Long Islands, genießt man den weiten Blick auf den Atlantik.

Unten: Long Islands warmes Licht lockt auch in der Nebensaison.

Die Goldküste: Long Island – der Norden

Long Island besteht nicht nur aus Sonne und Meer. Wenn Sie während der kühleren Jahreszeit in New York sind, sollten Sie den nördlichen Teil der Insel besuchen. Ihren Spitznamen »**Gold Coast**« trägt diese Küste nicht wegen der Farbe des Sandes, sondern wegen der reichen Leute, die sich hier um die Jahrhundertwende majestätische Sommersitze bauten.

Es ist kein Zufall, dass Scott Fitzgerald seinen »großen Gatsby« auf Long Island wohnen lässt: Seine imaginären Schauplätze »West Egg« und »East Egg« sind nach Ansicht von Experten identisch mit den beiden Schlössern in **Sands Point** (Ausfahrt 36 vom Long Island Expressway in nördlicher Richtung auf der Straße Nr. 101, etwa 6 Meilen immer geradeaus). Das ältere, eine Kopie des gewaltigen Kilkenny Castle in Irland, bezog 1901 Howard Gould, Sohn des skrupellosen Eisenbahnkönigs Jay Gould. Glücklich wurde er allerdings nicht: Seine Frau, eine ehemalige Zirkusreiterin, brannte mit dem Architekten durch. 1917 kaufte Daniel Guggenheim, Eigentümer von Gold-, Zinn- und Kupferminen, das Grundstück. Einen Teil davon schenkte er seinem Sohn Harry, der sich 1923 einen Landsitz im normannischen Stil mit dem Namen »Falaise« (Steilküste) bauen ließ. Hierher flüchtete Charles Lindbergh nach der Ermordung seines Kindes, um den Zudringlichkeiten der Presse zu entgehen. Jedes Jahr im Oktober werden, dem Genius Loci entsprechend, mittelalterliche Turniere veranstaltet. Die Häuser sind von Mai bis Mitte November zugänglich (Sa–Mi 10–17 Uhr, Do, Fr geschl.).

An der nächsten Bucht (Zufahrt über Straße Nr. 25A, in East Norwich auf der Straße Nr. 106 nördlich abbiegen) liegt Oyster Bay. Das kleine Hafenstädtchen ist aus zwei Gründen sehenswert. Zum einen baute Theodore Roosevelt 1894 hier seinen Landsitz **Sagamoor Hill**; während seiner Präsidentschaft (1901–1909) diente er als »Summer White House«. Die schweren Möbel und dunklen Töne sind typisch für einen Wohnstil, den wir in Deutschland »wilhelminisch« nennen. Im benachbarten Anwesen **Old Orchard**, das Roosevelts Sohn gehörte, können Sie sich eine Ausstellung über die Geschichte der Familie ansehen und die Rolle, die sie in der amerikanischen Politik spielte.

Der zweite Grund für einen Besuch von Oyster Bay ist Planting Fields, ein Landsitz, der wegen der schönen Bäume und Gewächshäuser bei Naturfreunden in hohem Ansehen steht. (Öffnungszeiten: tgl. 10–17 Uhr, Sagamoor Hill im Sommer bis 18 Uhr).

Auf dem Hin- oder Rückweg empfiehlt sich ein Abstecher zu den Old Westbury Gardens (Ausfahrt 39 vom Long Island Expressway in südlicher Richtung, nach einer halben Meile geht es links ab in die Willets Road, an deren Ende wieder nach links). Unter den Landhäusern auf Long Island ist Old Westbury Gardens wohl das kultivierteste. Gebaut wurde es 1906 von John Phipps, dessen Vater Partner des Stahlmagnaten Andrew Carnegie war. Trotz seines vergleichsweise jugendlichen Alters wirkt das Anwesen keineswegs neureich, wozu die schönen Möbel und Gemälde (Gainsborough, Reynolds, Constable) gewiss beitragen. Sehr gepflegter Garten. Geöffnet von April bis Oktober, Mittwoch bis Sonntag 10–17 Uhr, Montag und Dienstag geschlossen.

Informationen

Anfahrt: Mit dem Auto über den Long Island Expressway; **Dauer:** Halbtagesausflug; **Karte:** → ■ ab 2, S. 93

Das Hudsontal

Wer nicht nur New York, sondern auch die Umgebung kennen lernen will, muss sich auf zwei Schwierigkeiten gefasst machen: Zum einen ist das Land groß, und groß sind demgemäß auch die Entfernungen. Zum anderen ist das öffentliche Verkehrswesen unterentwickelt; man muss daher einen Wagen mieten. Letzteres ist auch mit einem deutschen Führerschein unproblematisch. Die Tarife, besonders am Wochenende, sind sogar niedriger als in Deutschland.

Allerdings sind gerade an schönen Wochenenden die Straßen überfüllt: Das Hudsontal inspirierte nicht nur die Maler der »Hudson River School« (George Inness, Frederick Church, Albert Bierstadt), sondern zog auch die reichen New Yorker Familien an, die dort ihre Landsitze hatten – bis sie das Aussterben der Dienstboten in die Stadt zurückzwang.

Im Oktober, wenn sich die Blätter verfärben (»Indian Summer«, Indianersommer, genannt), ist die Fahrt besonders schön.

Wir verlassen Manhattan auf dem Henry Hudson Parkway, der später in den Saw Mill River Parkway übergeht; bei Hawthorne biegen wir in den Taconic State Parkway ein. Wer mehr Zeit hat und dem Fluss möglichst nahe bleiben will, nimmt die Landstraße Nr. 9. Auf dieser Route kann er in Tarrytown »Sunnyside«, das Haus von Washington Irving, besichtigen – des ersten amerikanischen Schriftstellers (»Rip van Winkle«), von dem auch Europa Kenntnis nahm. Eine halbe Meile nördlich davon liegt »Lyndhurst«, der Landsitz des Eisenbahnkönigs Jay Gould.

In Hyde Park nördlich von Poughkeepsie finden wir zwei Sehenswürdigkeiten von überregionaler Bedeutung: das Geburtshaus von Franklin D. Roosevelt (US-Präsident von 1933–1945) und das Schloss von Frederick Vanderbilt, eines Enkels des legendären »Commodore« Cornelius Vanderbilt, der es vom Schiffer eines Gemüsekahns bis zum reichsten Mann Amerikas brachte.

Das **Vanderbilt Mansion** vermittelt einen guten Eindruck vom grandiosen Lebensstil der »Great Gatsbys« im 19. und in der ersten Hälfte des 20. Jh. (tgl. 9–17 Uhr). Der Besuch lässt sich unschwer verbinden mit einem Mittagessen im Culinary Institute, Amerikas bekanntester Kochschule, ebenfalls in Hyde Park.

Für den Heimweg wählen wir das gegenüberliegende Hudson-Ufer. Wir überqueren den Fluss bei Newburgh und fahren auf der Landstraße Nr. 9W, danach auf dem Palisades Interstate Parkway nach New York zurück. Auf dieser Route haben wir Gelegenheit, die Militärakademie West Point zu besichtigen. Vor allem das Museum ist sehenswert: Neben einer umfangreichen Sammlung amerikanischer Uniformen und Waffen finden wir Kriegstrophäen wie Napoleons Degen und Hermann Görings Marschallstab (tgl. bis 16.15 Uhr geöffnet). Über die George Washington Bridge kehren wir dann nach Manhattan zurück.

Wer noch tiefer ins Hudsontal vordringen will, kann als Ziel **Olana**, das herrschaftliche Anwesen von Frederick Church im Ort **Hudson** (an der Landstraße 9G), anpeilen. Es ist das perfekte Beispiel einer Künstlervilla aus dem 19. Jh. Geöffnet ist das Haus Mi–So 10–16 Uhr, im Winter 12–16 Uhr. Zum Essen und Übernachten bietet sich Rhinebeck als reizvolle Möglichkeit an (→ Beekman Arms, S. 17).

Informationen

Anfahrt: Mit dem Auto von Manhattan über den Henry Hudson Parkway; **Dauer:** Tagesausflug; **Karte:** → ■ a 1–2, S. 93

Atlantic City – Eldorado der Spieler

An der Schwelle vom 19. zum 20. Jh. war Atlantic City Amerikas elegantester Badeort, der sich vor seinen europäischen Gegenstücken wie Brighton, Scheveningen oder Biarritz keineswegs zu verstecken brauchte. Berühmt war vor allem der »Boardwalk«, die 8 km lange hölzerne Uferpromenade.

Nach dem Zweiten Weltkrieg ging es mit Atlantic City bergab. Die Entwicklung des Flugtourismus trieb die alte Klientel ins Ausland; kleinbürgerliche Tagesausflügler drängten nach. Ein Referendum, das 1976 das Glücksspiel zuließ, brachte zwar die guten alten Zeiten nicht zurück, bescherte Atlantic City jedoch Besuchermassen nie da gewesenen Ausmaßes: Nicht weniger als 30 Millionen Amerikaner versuchen Jahr für Jahr in den Spielkasinos ihr Glück. Damit steht Atlantic City – noch vor Disney World in Florida und den Niagarafällen – an der Spitze der Touristenattraktionen des Landes.

Die Zahl der **Kasinos** ist mittlerweile auf zwölf angestiegen. Die meisten sind am Boardwalk zwischen Albany und New Jersey Avenue zu finden. Alle werden in riesigen Luxushotels betrieben, deren Zimmer zu einem verhältnismäßig günstigen Preis zu haben sind. Der Grund für die Kulanz ist klar: Was Sie am Zimmer sparen, soll Ihnen am Spieltisch doppelt und dreifach abgeknöpft werden.

Am populärsten sind die **slot machines**, jedem Kneipenbesucher als »einarmige Banditen« wohl bekannt. In Atlantic City stehen mehr als 20 000. Ein Wald von Spielautomaten und vor jedem ein Amerikaner der reiferen und reifsten Jahrgänge – wer auf den Anblick nicht gefasst ist, dem verschlägt es die Sprache. Kurz: ein Querschnitt durch das amerikanische Volk, wie ihn kein soziologisches Oberseminar bieten kann.

In der Woche nach dem Labor Day, dem ersten Montag im September, wird in der Convention Hall am Boardwalk zwischen Florida und Mississippi Avenue »Miss America« gewählt. Gesicht, Figur und Showtalent

Einst Amerikas elegantester Badeort, ist Atlantic City heute eine eher kleinbürgerliche Touristenattraktion.

der Kandidatinnen werden von den Juroren mit je 25 % bewertet, Persönlichkeit mit 15 % und Charme mit 10 %. Auskünfte erhalten Sie unter Tel. 609-348-7000.

Wer eine empfindliche Nase hat und die **madding crowd** verschmäht, findet 40 Meilen weiter südlich Cape May, Amerikas ältesten Badeort. Im Gegensatz zu Atlantic City hat sich hier die Atmosphäre des viktorianischen Zeitalters noch erhalten.

Informationen

Anfahrt: Mit dem Auto über den New Jersey Turnpike in südlicher Richtung; **Dauer:** Tagesausflug; **Karte:** → ■ a 4

Praktische Hinweise, die Ihnen den Besuch so angenehm wie möglich machen sollen. Ein Tipp vorneweg: Ohne Kreditkarte macht man sich das Leben in Amerika unnötig schwer.

Man ist sich ziemlich einig: New York ist wieder sicherer geworden – einige Tipps sollten Sie aber dennoch beachten.

New York von A–Z

Anreise

Mit dem Flugzeug

Die Zeiten, da Amerikareisende nach wochenlanger Fahrt mit dem Ozeandampfer im Hafen von New York ankamen, sind längst vorbei. Heute reisen die meisten Besucher per Flugzeug in die Weltstadt, die für Reisende aus Übersee gleich zwei Flughäfen zur Verfügung stellt.

Von allen großen deutschen Flughäfen gibt es mehrmals täglich Direktverbindungen nach New York. Der Zeitunterschied zwischen Deutschland und der amerikanischen Ostküste beträgt sechs Stunden.

Die Weiterfahrt nach Manhattan dauert theoretisch von beiden Flughäfen etwa 45 bis 60 Minuten. Doch kommt es in den beiden Tunneln, die Manhattan mit New Jersey verbinden, oft zu erheblichen Staus. Wer die Wahl zwischen JFK und Newark hat, sollte sich deshalb für JFK entscheiden.

Die Pass- und Zollkontrolle gestaltet sich oft als Geduldsprobe. Freundlich und gelassen bleiben ist der beste Weg, diese Hürde ohne »Begrüßungs-Kopfweh« zu überstehen. Nachdem Sie Ihr Gepäck (Gepäckwagen 1.50 $) schließlich in Empfang genommen haben, stehen Ihnen drei Transportmöglichkeiten zur Verfügung:

Bus/U-Bahn (A-Train): Die – kostenlosen – Zubringerbusse kommen alle 20 Minuten an den Terminals vorbei und befördern die Passagiere zur U-Bahn, mit der Sie für 1.50 $ so weit fahren können, wie Sie wollen. Diese preiswerte Möglichkeit besteht nur am Flughafen John F. Kennedy.

Busse: Außerdem fahren Busse vom JFK zum Grand Central und zu verschiedenen Hotels in der Times-Square-Gegend (Preis: 13 $) sowie von Newark zum Port Authority Bus Terminal (42nd Street/8th Avenue, Preis: 10 $).

Taxis: Zweifellos das bequemste Verkehrsmittel. Am JFK wartet zu jeder Tageszeit eine riesige Flotte auf Kundschaft. Die Fahrt nach Manhattan kostet 30 $ (Fixpreis) plus Brückenmaut und 15 % Trinkgeld, macht zusammen ca. 40 $. Nehemen Sie nur in ein gelbes Taxi (mit Taxameter) und meiden Sie nicht zugelassene Fahrzeuge! In Newark wird der Nettofahrpreis je nach Ziel von einem Dispatcher festgelegt – eine zeitraubende Prozedur, die oft zu langen Wartezeiten führt. Auch hier sind Straßen- und Tunnelmaut sowie das – obligatorische! – Trinkgeld zu addieren.

Diplomatische Vertretungen

Generalkonsulat der Bundesrepublik Deutschland ■ E 13, S. 115
871 United Nations Plaza (First Avenue/48th Street); Tel. 610-9700

Österreichisches Generalkonsulat ■ D 12, S. 113
31 East 69th Street; Tel. 737-6400

Schweizer Generalkonsulat ■ D 13, S. 115
665 5th Avenue/53rd Street; Tel. 758-2560

Feiertage

Gesetzliche Feiertage, an denen Behörden, Banken und die meisten Büros geschlossen sind, aber nicht unbedingt die Geschäfte:

Neujahr (1. Jan.)
Martin Luther King's Birthday (dritter Mo im Jan.)
Lincoln's Birthday (12. Feb.)
Washington's Birthday (dritter Mo im Feb.)
Memorial Day (letzter Mo im Mai)
Independence Day (4. Juli)
Labor Day (erster Mo im Sept.)
Columbus Day (zweiter Mo im Okt.)
Veteran's Day (11. Nov.)
Thanksgiving Day (vierter Do im Nov.)
Weihnachten (25. Dez.)

In New York, wo 2 Millionen Juden leben, sind an jüdischen Feiertagen viele Geschäfte geschlossen, vor allem während des jüdischen Neujahrsfestes (**Rosch Haschanà**, Sept.) und am Versöhnungstag (**Jom Kippur**, Sept./Okt.).

Feste und Festspiele

Januar
Chinesisches Neujahrsfest
Das chinesische Neujahrsfest fällt auf den ersten Vollmond nach dem 19. Januar. Es wird zehn Tage lang mit Feuerwerk, Straßenumzügen – einer der wenigen Paraden im Winter – und Festbanketten gefeiert. Mittelpunkt der geräuschvollen Aktivitäten ist die Mott Street in Chinatown.
U-Bahn-Linie 6, Station Canal/Lafayette Street (b 5)

März
St. Patrick's Parade
Mit dem Feiertag des irischen Nationalheiligen (17. März) wird die Saison 8 der Paraden eröffnet. Der Umzug bewegt sich auf der Fifth Avenue zwischen 44th und 86th Street; sogar der weiße Mittelstreifen nimmt die irische Nationalfarbe – Grün – an. Von den Stufen der St. Patrick's Cathedral grüßt Kardinal O'Connor seine Landsleute. Am Nachmittag und Abend wird in allen Kneipen der Stadt dem Alkohol kräftig zugesprochen.

März/April
Easter Parade
Die Osterparade, Fifth Avenue, gehört zu den größten und beliebtesten Umzügen New Yorks. Erst danach gestattet sich der modebewusste Herr, weiße Schuhe und Strohhut zu tragen.

Juni
Gay Parade
Am letzten Sonntag im Juni erinnern die Homosexuellen – nicht nur in New York – an den »Stonewall-Aufstand« von 1969, bei dem sich eine frühere Generation erstmals gegen die Übergriffe der Polizei zur Wehr setzte. Die Parade enthält humoristische, aber – wie im Zeitalter von Aids nicht anders zu erwarten – auch politische Elemente. Das dichteste Gedränge herrscht zwischen Washington Square und Christopher Street. Danach wird im ganzen Village bis tief in die Nacht hinein gefeiert.

Shakespeare im Central Park
Im Delacorte Theater, einem Freilichttheater im Central Park, finden ab Ende Juni den ganzen Sommer über Shakespeare-Aufführungen statt; manchmal werden hier auch Musicals ausprobiert. Da der Eintritt frei ist und der Andrang groß, empfiehlt sich sehr frühzeitiges Erscheinen.
Kartenabgabe ab 18.30 Uhr; Eingang von der 81st Street West

Juli
Independence Day
Der amerikanische Nationalfeiertag (4. Juli) wird in New York ähnlich begangen wie in Paris der französische: Auf dem East River wird ein Feuerwerk gezündet (bester Blick vom FDR Drive, der an diesem Tag für den Autoverkehr geschlossen ist). In der Gegend um den Battery Park drängt sich das Volk, um den patriotischen Zeremonien des Old New York Festival und der Parade zur City Hall zuzuschauen.

Juli/August
Mostly Mozart
Ein Musikfestival im eigentlichen Sinne gibt es in New York nicht – aus dem einfachen Grund, weil das ganze Jahr über hochrangige musikalische Ereignisse stattfinden. Während der Sommerpause bietet das Lincoln Center (Avery Fisher Hall) sechs Wochen lang volkstümliche klassische Konzerte zu volkstümlichen Preisen.
Auskunft/Kartenvorbestellung Tel. 875-5030

Summerpier
Jeden Freitag und Samstag um 20 Uhr finden im South Street Seaport (Pier 16) vor der spektakulären Kulisse von Downtown Manhattan Jazzkonzerte statt. Der Eintritt ist frei!
Kartenabgabe ab 18 Uhr

September
Festa di San Gennaro
Der Namenstag des heiligen Januarius, des Schutzpatrons von Neapel, am 19. September ist das große Fest von Little Italy. Für elf Tage verwandelt sich das Viertel in ein einziges Freiluftrestaurant.
U-Bahn-Linie 4 und 6, Station Spring Street (b 5)

New York Film Festival
Anders als in Berlin, Cannes und Venedig legt man in New York keinen Wert darauf, Uraufführungen zu zeigen. Stattdessen wartet man in aller Ruhe den Verlauf der drei Spitzen-Festivals ab und holt dann die erfolgreichsten Filme nach Manhattan. Ort der Handlung ist die Alice Tully Hall im Lincoln Center (Broadway /65th Street). Zeit: Ende September bis Anfang Oktober. Da das Festival sehr rasch ausverkauft ist, empfiehlt sich rechtzeitige Kartenvorbestellung.
Tel. 721-6500

Steuben-Parade
Am dritten Sonnabend im September feiern die Deutschamerikaner. Gedacht wird an diesem Tage des preußischen Hauptmanns Friedrich Wilhelm von Steuben, ohne dessen Drill die amerikanische Armee den Unabhängigkeitskrieg schwerlich gewonnen hätte. Was heute auf der Fifth Avenue aufmarschiert, hat zwar mit dem Unabhängigkeitskrieg nichts mehr zu tun, erinnert aber gleichfalls an ein Butzenscheiben-Deutschland, das seit langem versunken ist.

Halloween
Wenn die deutschen Protestanten den Thesenanschlag von Wittenberg feiern, am 31. Oktober, treiben die Amerikaner einen morbiden Mummenschanz. Ursprünglich ein Fest für

Wechselkurse

Dollar	Euro	Franken
0,5	0,53	0,82
1	1,07	1,64
2	2,13	3,28
5	5,33	8,20
10	10,65	16,40
20	21,30	32,80
30	31,95	49,20
50	53,25	82,00
100	106,50	164,00
250	266,25	410,00
500	532,50	820,00
750	798,75	1230,00
1000	1065,00	1640,00

Stand: Februar 2001

Nebenkosten in Euro

1 Tasse Kaffee	2,00
1 Bier (im Lokal)	4,00–7,50
1 Cola (im Lokal)	2,00
1 Brot (ca. 500g)	1,20
1 Schachtel Zigaretten	2,50
1 Liter Normal-Benzin	0,35
Öffentl. Verkehrsmittel (Einzelfahrt)	1,40
Mietwagen/Tag	ab 75,00

Kinder, die an Türen mit der Drohung »trick or treat« Bonbons erbetteln, erfreut es sich zunehmender Beliebtheit auch unter Erwachsenen. Höhepunkt ist der abendliche Maskenzug durch das Village (6th Avenue/14th Street).

November
Marathon
Am ersten Sonntag im November nehmen mehr als 30 000 Männer, Frauen und Kinder am großen Marathonlauf durch sämtliche New Yorker Bezirke teil. Der Lauf beginnt auf der Verrazano Bridge und endet an der Tavern on the Green im Central Park. Unterwegs feuert eine unübersehbare Menge die Keuchenden an. Am Ziel werden die erschöpften Gestalten in Stanniol gewickelt, damit sie sich nicht erkälten.

Thanksgiving Parade
Das Erntedankfest wird von den Amerikanern weitaus ernster genommen als von uns. Als Familienfest wird es nur noch von Weihnachten übertroffen. Nur Truthähnchen sehen dem Tag mit Beklommenheit entgegen. So mag es sich erklären, dass die Parade, die an diesem Tag, dem 4. Donnerstag im November, den Broadway herunterzieht, die größte und üppigste des Jahres ist. Sie beginnt an der 77th Street und endet an der 34th Street beim Warenhaus Macy's, das die Parade finanziert.

Dezember
The Magnificent Christmas Spectacular
In der Weihnachtszeit verwandelt sich ganz New York in ein einziges Straßenfest. Das Aufstellen des Christbaums am Rockefeller Center, das **window shopping** in der Fifth Avenue, der vom New York City Ballet getanzte »Nussknacker« – all dies sind Ereignisse, denen sich die New Yorker jedes Jahr mit neuer Inbrunst hingeben. Höhepunkt ist die Weihnachtsshow in der Radio City Music Hall (Avenue of the Americas/50th Street), in der nicht nur die Geburt in Bethlehem und Santa Claus mit seiner Spielzeugfabrik am Nordpol zu sehen sind, sondern auch die berühmten »Rockettes«, die mit fabelhafter Präzision die Beine schwingen.
Auskunft und Kartenvorverkauf: Tel. 247-4777

Fluglinien

Austrian Airlines ■ D 13, S. 115
608 5th Avenue/49th Street; Tel. 399-8504 und 1-800-843-0002

Lufthansa ■ D 13, S. 115
680 5th Avenue/54th Street; Tel. 479-8800 und 1-800-645-3880

Swissair ■ D 13, S. 115
608 5th Avenue/49th Street; Tel. 1-800-221-4750

Fundbüro

Machen Sie sich nicht allzu viele Hoffnungen, wenn Sie etwas verloren haben. Bei der Polizei abgegebene Fundsachen werden immerhin zentral erfasst (Tel. 374-5084). Haben Sie die Sache in einem öffentlichen Verkehrsmittel verloren, rufen Sie 1-718-625-6200 an.

Geld

Die Währungseinheit der USA ist der Dollar ($). 1 $ = 100 Cents. Die Münzen heißen **quarter** (25 Cents), **dime** (10 Cents), **nickel** (5 Cents) und **penny** (1 Cent). Sie brauchen sie vor allem zum Telefonieren und Busfahren. Geldscheine über 50 $ sind eher unpraktisch, da sie häufig nicht angenommen werden (besonders nicht von Taxifahrern). Der Wechselkurs unterliegt Schwankungen; derzeit steht der Dollar etwa bei 1,07 €.

Das übliche Zahlungsmittel bei Beträgen über 20 $ ist die Kreditkarte (American Express, Visa, MasterCard). Ohne Kreditkarte machen Sie sich den Aufenthalt in Amerika unnötig schwer. Devisen können in beliebiger Höhe eingeführt werden, sind aber ab 10 000 $ zu deklarieren. Meiden Sie dies jedoch nach Möglichkeit!
Die Banken wechseln kein Geld. Dafür gibt es spezielle Devisenhändler, die fette Prozente einstreichen, etwa:

Checkpoint
Auch Eintausch von Eurocheques.
– 1568 Broadway/47th Street ■ C 13–14, S. 114
– 22 Central Park South ■ C 13, S. 114
(zwischen 5th und 6th Ave.); tgl. 10–21 Uhr

Deak International
Kein Umtausch von Eurocheques.
– 630 5th Avenue (Rockefeller Center) ■ D 13, S. 115
– 41 East 42nd Street ■ D 14, S. 115
– 1 Herald Square ■ C 15, S. 114
Mo–Fr 8–17 Uhr, Sa 10–15 Uhr

Medizinische Versorgung

Apotheken
Kaufmann ■ D 13, S. 115
557 Lexington Avenue/50th Street; Tel. 755-2266; durchgehend geöffnet

Deutschsprachige Ärzte
Dr. Norbert Bräu ■ D 19, S. 117
Medical Associates of Wall Street; 135 William Street; Tel. 929-6087, 929-3814
Dr. Jacob Melamed ■ D 12, S. 113
Columbia Presbyterian Medical Association; 16 East 60th Street; Tel. 326-8484

Polizei-Notruf

Tel. 911

Post

Luftpostbriefe nach Deutschland bis zu einer halben Unze (14 g) kosten 60 Cents, Postkarten 55 Cents; die durchschnittliche Beförderungsdauer beträgt 5 Tage. Das General Post Office, 8th Avenue/33rd Street, ist durchgehend geöffnet.
Andere Postämter in Midtown:
– 610 5th Avenue (Rockefeller Center) ■ D 13, S. 115
– 23 West 43rd Street ■ C 14, S. 114
– 450 Lexington Avenue (45th Street) ■ D 14, S. 115
Post und Telefon (→ S. 102) sind in den USA getrennte Unternehmen. Viele Hotels stellen ihren Gästen ihren Telefax-Service zur Verfügung.

Reisedokumente

Personalausweise kennen die Amerikaner ebenso wenig wie eine polizeiliche Meldepflicht. Bei Bedarf weist man sich mit Führerschein und Kreditkarte aus. Zur Einreise in die USA benötigen Sie einen gültigen **Reisepass.** Für Touristen aus Westeuropa wurde die Visumpflicht abgeschafft, allerdings nur für solche, die weniger als 90 Tage bleiben und deren Rückreise (etwa durch ein nicht abänderbares Flugticket) gesichert ist. Geschäftsreisende benötigen weiterhin ein Visum. In Zweifelsfällen erkundigen Sie sich bei der amerikanischen Botschaft in Ihrer Heimat oder beim zuständigen Konsulat.

Reisewetter

Die Sommermonate Juli und August sind in der Regel heiß und schwül; Spitzentemperaturen über 30 °C sind hier keine Seltenheit. Der Winter dagegen, der seinen Höhepunkt im Februar erreicht, kann sehr kalt und schneereich sein. Die Niederschläge, die zumeist als heftige Regengüsse auftreten, verteilen sich regelmäßig übers Jahr, nur Januar und März ragen dabei etwas heraus.

Besonders stimmungsvoll sind New York und Umgebung im September

und Oktober, während des »Indian Summer«. Schön ist es auch von Ende April bis Anfang Juni, wenn die Stadt und ihre vielen Parks sich in duftende Blütenmeere verwandeln.
Telefonische Wettervorhersage: 976-1212

Stadtrundfahrten

Wer wenig Zeit hat und sich die Sehenswürdigkeiten lieber von anderen erklären lässt, sollte an einer Stadtrundfahrt teilnehmen. Sie kostet, je nach Länge der Tour, zwischen 15 und 80 $. Sightseeing im Bus organisiert u.a.:

Gray Line ■ C 13, S. 114
Die Gray Line bietet 20 Touren in unterschiedliche Gegenden und von unterschiedlicher Dauer, viermal täglich auch auf Deutsch. Sonntags lohnt besonders die Tour nach Harlem (einschließlich Gottesdienst). Der Preis variiert je nach Dauer von 17.50 $ aufwärts.
900 8th Avenue/54th Street; Tel. 397-2600

New York Apple Tours ■ C 13, S. 114
Rundfahrten in Doppeldecker-Bussen mit offenem Dach.
8th Avenue, zwischen 49th und 50th Street; Tel. 1-800-876-9868; Preis ab 18 $

Rundflüge mit dem Hubschrauber
Liberty Helicopters ■ A 15, S. 114
12th Avenue/30th Street (Hudson); Tel. 967-6464; Preis je nach Flugdauer: 48–170 $

Sehr zu empfehlen, besonders bei schönem Wetter, ist eine Rundfahrt im Schiff um die Insel Manhattan. Sie dauert rund 3 Stunden und wird veranstaltet von:

Circle Line ■ A 14, S. 114
Pier 83 (42nd Street/Hudson River); Tel. 563-3200; Ende März – Mitte Nov. tgl. 12.30 Uhr; Dauer 3 Std.; Erwachsene 22 $, Kinder 12 $

Stromspannung

In den USA beträgt die Stromspannung 120 Volt. Da amerikanische Steckdosen nicht für runde, sondern

Die Klimadaten von New York

	Januar	Februar	März	April	Mai	Juni	Juli	August	September	Oktober	November	Dezember
Durchschnittl. Temp. in °C – Tag	4,4	4,5	9,2	14,4	20,6	25,4	27,9	26,9	23,6	18,1	11,7	5,8
Durchschnittl. Temp. in °C – Nacht	-3,5	-3,7	0,4	5,4	11,4	16,6	19,4	18,9	15,6	9,7	4,2	-1,7
Sonnenstunden pro Tag	4,5	5,9	6,8	7,9	8,3	9,5	9,2	8,4	7,5	6,5	5,4	4,3
Regentage	12	10	12	11	11	10	11	10	9	9	9	10

Quelle: Deutscher Wetterdienst, Offenbach

für flache Konktaktstifte gemacht sind, sollten Sie schon vor Ihrer Abreise einen Zwischenstecker kaufen.

Telefon

Liegt bei den Amerikanern schon seit jeher in der Hand privater Unternehmer und ist daher weitaus kundenfreundlicher und billiger. New York hat zwei Vorwahlnummern: 212 (Manhattan) und 718 (Brooklyn, Bronx, Queens und Staten Island). Die Vorwahlnummern für Mobiltelefone in den USA sind 6 30 und 9 17.

Bei Anrufen in einen anderen Telefonbereich muss eine 1 vorgewählt werden. Ortsgespräche kosten 25 Cents. Telefonzellen gibt es an jeder Straßenecke und in der Lobby jedes Bürogebäudes. Sie können von dort aus auch Ferngespräche führen, müssen sich aber mit Kleingeld ausstatten: Wählen Sie 0, und der **operator** wird Ihnen sagen, wie viel Geld Sie einwerfen müssen. Auskunft für Manhattan: 411, für andere Stadtteile: 555-1212. Generell gilt: Wenn Sie nicht weiterwissen, wählen Sie 0.

Vorwahlen

D, A, CH → USA: 0 01
USA → D: 0 11 49
USA → A: 0 11 43
USA → CH: 0 11 41

Theaterkarten

Da populäre Shows, vor allem Musicals, auf Monate hinaus ausverkauft sind, empfiehlt es sich, Plätze schon vor der Reise telefonisch zu bestellen – entweder beim Theater selbst (Programm und Telefon-Nr. finden Sie im »New York Magazine«) oder bei den Vorverkaufsbüros Tele-Charge (239-6200) und Ticketmaster (307-4100). Dies geht allerdings nur mit Kreditkarten. Unverkaufte Plätze sind am Aufführungstag im Times Square Theater Center (Broadway/47th St.) zum halben Preis zu haben.

Trinkgeld

Im Restaurant sind Trinkgelder nicht inbegriffen – es sei denn, der Ober hat Sie als Europäer erkannt und von sich aus den **Tip** aufgeschlagen. Also jedes Mal die Rechnung prüfen! Der Ober kann bei angemessener Leistung ein Trinkgeld von mindestens 15 % erwarten, ebenso der Taxifahrer. In Hotels brauchen Sie Trinkgelder nur für besondere Leistungen zu zahlen. Dem Gepäckträger auf dem Flugplatz und im Hotel geben Sie 2 $ für das erste Gepäckstück und 1 $ für jedes weitere. Die Garderobenfrau im Restaurant erwartet, wenn sie Ihnen den Mantel zurückgibt, 1 $.

Verkehrsverbindungen

Die Einheimischen machen es vor: New York ist die einzige amerikanische Großstadt, in der Sie wirklich kein Auto brauchen. Nutzen Sie daher die in Amerika rare Chance, zu Fuß zu gehen.

Autovermietung

Umgekehrt ist es, wenn Sie einen Ausflug machen wollen: Hierfür ist ein Auto unerlässlich. Die auch in Deutschland bekannten **Autovermietungen** (Hertz, Avis, Budget usw.) haben in New York zahllose Filialen, die Sie im Telefonbuch aufgelistet finden.

Besonders an Wochenenden sind die Preise recht günstig. Voraussetzung sind Führerschein und Kreditkarte (vor allem American Express, Visa, MasterCard). Es ist üblich, den Wagen vorher telefonisch zu bestellen. Ihr Hotel wird Ihnen dabei natürlich gern behilflich sein.

Fahrrad

Fahrradfahren ist in New York eine riskante Angelegenheit; überlassen Sie das lieber den mit artistischer Geschicklichkeit durch die Straßen flitzenden Botenjungen.

Öffentliche Verkehrsmittel

New York besitzt ein gut ausgebautes öffentliches Verkehrsnetz. Die **U-Bahn** ist zwar immer noch schmutzig und laut, hat sich aber nach einer Periode des Niedergangs wieder gefangen. Die berühmten Graffiti sind verschwunden. Zum Betreten der Bahnsteige benötigt man eine Münze, **token** genannt, die an jeder Station erworben werden kann (derzeitiger Preis: 1.50 $). Sie können damit so weit fahren, wie Sie wollen, auch umsteigen. Es gibt Bummelzüge (**local trains**), die an jeder Station halten, und Schnellzüge (**express trains**). Meiden Sie die Stoßzeiten und benutzen Sie nach Mitternacht lieber ein Taxi. Für Vielfahrer gibt es Wertkarten mit Magnetstreifen von 5 $ aufwärts, für Touristen neuerdings auch Tageskarten (4 $).

Den **U-Bahn-Plan** finden Sie auf der hinteren Umschlagklappe. Die U-Bahn fährt rund um die Uhr. Die Buchstaben oder Nummern bezeichnen die (ursprünglich privaten) Linien.

Das Omnibus-System ist nicht ganz einfach zu durchschauen, aber auch kein unlösbares Rätsel. Interessant für Sie sind in erster Linie die **Busse**, die nach Norden (auf der 1st, 3rd, Madison, 6th und 8th Avenue) oder nach Süden (auf der 2nd, Lexington, 5th und 7th Avenue) fahren. Wie bei der U-Bahn ist der Preis unabhängig von der Strecke. Eingestiegen wird vorne, gezahlt durch den Einwurf von 1.50 $ (in Münzen, auch U-Bahn-Tokens werden akzeptiert) in einen Kasten beim Fahrer. Achten Sie darauf, dass Sie genügend Kleingeld haben; der Fahrer wechselt nicht.

Taxi

Die New Yorker sind leidenschaftliche Taxi-Benutzer. Taxis sind billiger als in Deutschland und, abgesehen von den Stunden zwischen Schichtwechsel (16 Uhr) und Theaterbeginn (20 Uhr), meist ohne größere Schwierigkeiten aufzutreiben. Das übliche Verfahren ist, sie auf der Straße heranzuwinken. Freie Taxis machen sich durch ein Leuchtzeichen auf dem Dach als solche kenntlich. Der Fahrpreis ist auf einem Taxameter abzulesen. Nach 20 Uhr gibt es einen Aufschlag von 50 Cents. Der Fahrer erwartet ein Trinkgeld von 15 %.

Zeitungen

Die informativste Tageszeitung der Stadt ist zweifellos die »New York Times«; ihre Sonntagsausgabe ist so dick und schwer wie das Berliner Telefonbuch. Deutsche Zeitungen gibt es in New York nur an wenigen Stellen, zum Beispiel bei Hotaling (142 West 42nd Street; tgl. bis 20 Uhr) und am Zeitungsstand des MetLife Building.

Zeitverschiebung

Eastern Standard Time von Nov. bis April = 6 Std. hinter MEZ; **Eastern Daylight Saving Time** von Mai bis Okt. Im Frühjahr und Herbst kommt es daher zu Zeitdifferenzen von 5 bzw. 7 Stunden. Die Zeit wird angegeben als 1 bis 12 a.m. (ante meridiem = vormittags) und 12 p.m. (post meridiem). Das Datum schreibt man in umgekehrter Folge: erst den Monat, dann den Tag; 8/5 ist also der 5. August und nicht etwa der 8. Mai.

Zoll

Da sich die Bestimmungen ständig ändern, erkundigen Sie sich im Bedarfsfall rechtzeitig nach dem Tarif. Kleine Mengen von Alkohol (1 l), Zigaretten (200) und Geschenke bis zu einem Wert von 100 $ sind zollfrei. Die Einfuhr von Pflanzen, Obst und Lebensmitteln unterliegt in beiden Richtungen Beschränkungen; Fleisch und Wurst (selbst auf einem Brötchen) sind streng verboten.

1524
Giovanni da Verrazano, ein florentinischer Kaufmann, entdeckt die Insel Manhattan (der Name stammt von den Manhattan-Indianern).

1625
Niederländische Auswanderer lassen sich auf Manhattan nieder. Die Siedlung erhält den Namen »Nieuw Amsterdam«.

1626
Peter Minuit (Minnewit), der Gouverneur der niederländischen Kolonie, kauft Manhattan den Indianern für Waren im Wert von 60 Gulden ab.

1653
Der Gouverneur Peter Stuyvesant lässt im Norden der Siedlung eine Stadtmauer (**wall**) zum Schutz gegen marodierende Indianer bauen. Heute verläuft an dieser Stelle die Wall Street.

1664
Die Briten erobern kampflos die niederländische Kolonie. Nieuw Amsterdam wird in New York umgetauft (nach dem Herzog von York, dem Bruder des Königs).

1733
Der aus der Pfalz eingewanderte Johann (John) Peter Zenger gründete das »New York Weekly Journal«. Wegen seiner Kritik am Gouverneur zehn Monate eingekerkert, wird Zenger 1735 freigesprochen. Das Urteil gilt als Markstein in der Durchsetzung der Pressefreiheit.

1741
New York hat 10 000 Einwohner, darunter 2000 Sklaven.

1754
King's College, die erste New Yorker Universität, wird eröffnet.

1775–1783
Während des Unabhängigkeitskrieges befindet sich New York überwiegend in britischer Hand.

1784
New York wird Hauptstadt der Vereinigten Staaten.

1789
George Washington leistet in der Federal Hall seinen Amtseid als erster Präsident der USA.

1790
Philadelphia löst New York als Landeshauptstadt ab.

1827
Der Staat New York schafft die Sklaverei ab.

1834
Brooklyn wird zur Stadt.

1851
Gründung der »New York Times«; 1896 wird sie von Adolph Simon Ochs erworben, dessen Eltern aus Bayern eingewandert sind.

1858–1876
Der Central Park entsteht.

1880
Das Metropolitan Museum bezieht sein jetziges Haus.

1883
Die von dem deutschen Ingenieur John Augustus Röbling konstruierte Brooklyn Bridge wird eröffnet.

1886
Die Freiheitsstatue wird eingeweiht.

1891
Die Carnegie Hall wird mit einem Konzert unter Leitung von Peter Tschaikowski eröffnet.

1892
Das Einwanderungszentrum auf Ellis Island nimmt seinen Betrieb auf. Bis zu seiner Schließung im Jahre 1954 betreten hier 17 Millionen Einwanderer erstmals amerikanischen Boden.

1898
Greater New York mit seinen noch heute existierenden fünf Stadtteilen (**boroughs**) Manhattan, Brooklyn, Queens, Bronx und Staten Island entsteht. Mit 3,3 Millionen Einwohnern ist die Stadt hinter London die zweitgrößte der Welt.

1902
Mit dem Flatiron Building an der Kreuzung von Broadway und 23rd Street wird der Beweis erbracht, dass die neue Stahlbauweise Hochhäuser ermöglicht.

1904
Als sechste Stadt der Welt (nach London, Chicago, Budapest, Paris und Berlin) nimmt New York eine Untergrundbahn in Betrieb. Mit über 400 km Länge ist ihr Gleisnetz heute das umfangreichste der Welt.

1911
Bei einem Großbrand in der Triangle Shirtwaist Company im Village, der größten Blusenfabrik Amerikas, kommen 148 Arbeiterinnen ums Leben. Die Katastrophe führt zu einer umfassenden Revision des Arbeitsrechts.

1913
Die Armory Show in der Kaserne Lexington Avenue/25th Street macht Amerika mit der modernen Kunst Europas bekannt. Im selben Jahr entsteht das Woolworth Building, New Yorks erster Wolkenkratzer und bis 1930 mit 240 m das höchste Gebäude der Welt.

24. Okt. 1929
Der Kurssturz an der New Yorker Börse (»Schwarzer Freitag«) löst die Weltwirtschaftskrise aus.

1931
Das Empire State Building wird nach zweijähriger Bauzeit eröffnet.

1932–1940
Bau des Rockefeller Center.

1934–1945
Fiorello La Guardia ist Bürgermeister.

1952
Die Generalversammlung der Vereinten Nationen tagt erstmals in ihrem neuen Hauptquartier am East River.

1965
Der schwarze Politiker Malcolm X wird in Harlem erschossen.

1966
Die Metropolitan Opera zieht ins Lincoln Center um.

1990
Als erster Schwarzer wird David Dinkins Bürgermeister.

1992
John Gotti, der Boss des Gambino-Clans, wird zu lebenslangem Gefängnis verurteilt. Damit sitzen die Bosse aller fünf Mafia-»Familien« hinter Gittern.

1994
Rudolph Giuliani, der Staatsanwalt, der die Mafia-Bosse aus dem Verkehr zog, wird Bürgermeister.

1998
Bürgermeister Giuliani, dem die New Yorker die erhöhte Sauberkeit und Sicherheit ihrer Stadt verdanken, wird im Amt bestätigt.

Wichtige Wörter und Ausdrücke

ja	*yes*
nein	*no*
bitte	*my pleasure, you're welcome*
danke	*thank you*
Wie bitte?	*Pardon?*
Ich verstehe nicht	*I didn't understand you*
Entschuldigung	*Sorry, I beg your pardon, excuse me*
Guten Morgen	*Good morning*
Guten Tag	*Hello*
Guten Abend	*Good evening*
Ich heiße ...	*My name is ...*
Ich komme aus ...	*I come from ...*
Wie geht's?	*How are you?*
Danke, gut	*Thanks, fine*
wer, was, welcher	*who, what, which*
wie viel	*how many, how much*
Wo ist ...	*Where is ...*
wann	*when*
wie lange	*how long*
Sprechen Sie Deutsch?	*Do you speak German?*
Auf Wiedersehen	*Good bye*
Bis bald	*See you soon*
heute	*today*
morgen	*tomorrow*

Zahlen

null	*zero*
eins	*one*
zwei	*two*
drei	*three*
vier	*four*
fünf	*five*
sechs	*six*
sieben	*seven*
acht	*eight*
neun	*nine*
zehn	*ten*
einhundert	*one hundred*
eintausend	*one thousand*

Wochentage

Montag	*Monday*
Dienstag	*Tuesday*
Mittwoch	*Wednesday*
Donnerstag	*Thursday*
Freitag	*Friday*
Samstag	*Saturday*
Sonntag	*Sunday*

Mit und ohne Auto

Wie weit ist es nach ...?	*How far is it to ...?*
Wie kommt man nach ...?	*How do I get to ...?*
Wo ist ...?	*Where is ...?*
– die nächste Werkstatt	*– the nearest garage*
– der Bahnhof/ Busbahnhof	*– the station/ bus terminal*
– die nächste U-Bahn-/ Bus-Station	*– the station/ bus terminal*
– die Touristen-information	*– the tourist information*
– die nächste Bank	*– the nearest bank*
– die nächste Tankstelle	*– the nearest gas station*
Wo finde ich einen Arzt/eine Apotheke?	*Where do I find a doctor/ a pharmacy?*
Bitte voll tanken	*Fill up please*
Normalbenzin	*Regular gas*
Super	*Super*
Diesel	*Gasoil*
rechts	*right*
links	*left*
geradeaus	*straight ahead*
Ich möchte ein Auto/ein Fahrrad mieten	*I would like to rent a car/bike*
Wir hatten einen Unfall	*We had an accident*
Eine Fahrkarte nach ... bitte	*A ticket to ... please*
Ich möchte ... DM in ... wechseln	*I would like to change foreign currency*

Hotel

Ich suche ein Hotel	*I'm looking for a hotel*
– eine Pension	*a guesthouse*
Ich suche ein Zimmer für ... Personen	*I'm looking for a room for ... people*
Haben Sie noch Zimmer frei?	*Do you have any vacancies?*
– für eine Nacht	*– for one night*
– für zwei Tage	*– for two days*
– für eine Woche	*– for one week*
Ich habe ein Zimmer reserviert	*I made a reservation for a room*
Haben Sie zum Wochenende einen Sonderpreis?	*Do you offer a special weekend rate?*
Wie viel kostet das Zimmer?	*How much is the room?*
– mit Frühstück	*– including breakfast*
– mit Halbpension	*– half board*
Kann ich das Zimmer sehen?	*Can I have a look at the room?*
Ich nehme das Zimmer	*I'd like to have this room*
Kann ich mit Kreditkarte zahlen?	*Do you accept credit cards?*

Restaurant

Die Speisekarte bitte	*Could I see the menu please?*
Die Rechnung bitte	*Could I have the check please?*
Ich hätte gern einen Kaffee	*I would like to have a cup of coffee*
Auf Ihr Wohl	*Cheers*
Wo finde ich die Toiletten (Damen/Herren)?	*Where are the washrooms (ladies/gents)?*
Kellner	*waiter*
Frühstück	*breakfast*
Mittagessen	*lunch*
Abendessen	*dinner*

Einkaufen

Wo gibt es ...?	*Where do I find ...?*
Haben Sie ...?	*Do you have ...?*
Wie viel kostet das?	*How much is this?*
Das gefällt mir (nicht)	*I like it/I don't like it*
Ich nehme es	*I'll take it*
Geben Sie mir bitte 100 Gramm/ ein Pfund/ ein Kilo	*I would like to have one hundred gramm/one pound/ one kilo*
Danke, das ist alles	*Thank you, that's it*
geöffnet/ geschlossen	*open/closed*
Bäckerei	*bakery*
Kaufhaus	*department store*
Markt	*market*
Metzgerei	*butcher's*
Haushaltswaren	*household supplies*
Lebensmittelgeschäft	*grocery*
Briefmarken für einen Brief/ eine Postkarte nach Deutschland/Österreich/in die Schweiz	*stamps for a letter/postcard to Germany/Austria/ Switzerland*

Ämter, Banken, Zoll

Haben Sie etwas zu verzollen?	*Do you have anything to declare?*
Ich möchte einen Reisescheck einlösen	*I would like to cash a travellers check*
Ich habe meinen Pass/meine Geldbörse verloren	*I have lost my passport/my wallet*
Ich suche einen Geldautomaten	*I am looking for an ATM*
Ich möchte nach Deutschland telefonieren	*I would like to place a call to Germany*

A
B
C
1
2
3
4
Inwood Hill Park
Church of the Good Shepherd
Dyckman Hse.
Inwood
Sherman Creek
The Cloisters, Metropolitan Mus. of Art
Fort Tryon Park
Fort George
Washington Heights
N.Y.S. Psychiatric Institute
Columbia Presbyterian Medical Center
Yeshiva University
Harlem River
Highbridge Park
U.S. Veterans Medical Center
University Heights
Bronx Community College C.U.N.Y.
Morris Heights
High Bridge
Henry Hudson pkwy
Riverside Drive
Broadway
Dyckman St.
Tenth Avenue
St. Nicholas Avenue
Amsterdam Av.
Harlem River Drive
Major Deegan Expressway
University Heights Br.
Washington Bridge
High Bridge (closed)
Fort Washington Av.
Haven Blvd.
Overlook Ter.
Bennett Av.
Pinehurst
Wadsworth Av.
Edgecombe Av.
Payson Av.
Seaman Av.
Cooper St.
Vermilyea Av.
Post Av.
Nagle Av.
Sherman Av.
Thayer St.
Arden St.
Sickles St.
Ellwood St.
Hillside Av.
Fairview Av.
Bway. Ter.
Isham St.
Park Ter. W
Park Ter. E
Ninth Av.
W 215th St.
W 212th St.
W 207th St.
W 205th St.
W 204th St.
W 201st St.
W 188th St.
W 186th St.
W 184th St.
W 182nd St.
W 181st St.
W 180th St.
W 177th St.
W 174th St.
W 172nd St.
W 168th St.
W 164th St.
W 162nd St.
161 St.
Sedgwick Av.
Webb Av.
West Fordham
Martin Luther King Blvd.
W 180th St.
West Burnside Av.
Cedar Av.
Phelan Pl.
Loring Pl.
Andrews
W 176th St.
Popham Av.
W 174th St.
Featherbed Lane
W 172nd St.
Edward Grant
W 170th St.
W 169th St.
W 168th St.
Dr. Martin Luther King Blvd.
Nelson Av.
W 167th St.
W 166th St.
W 164th St.
W 162nd St.
N
0
600 m
110

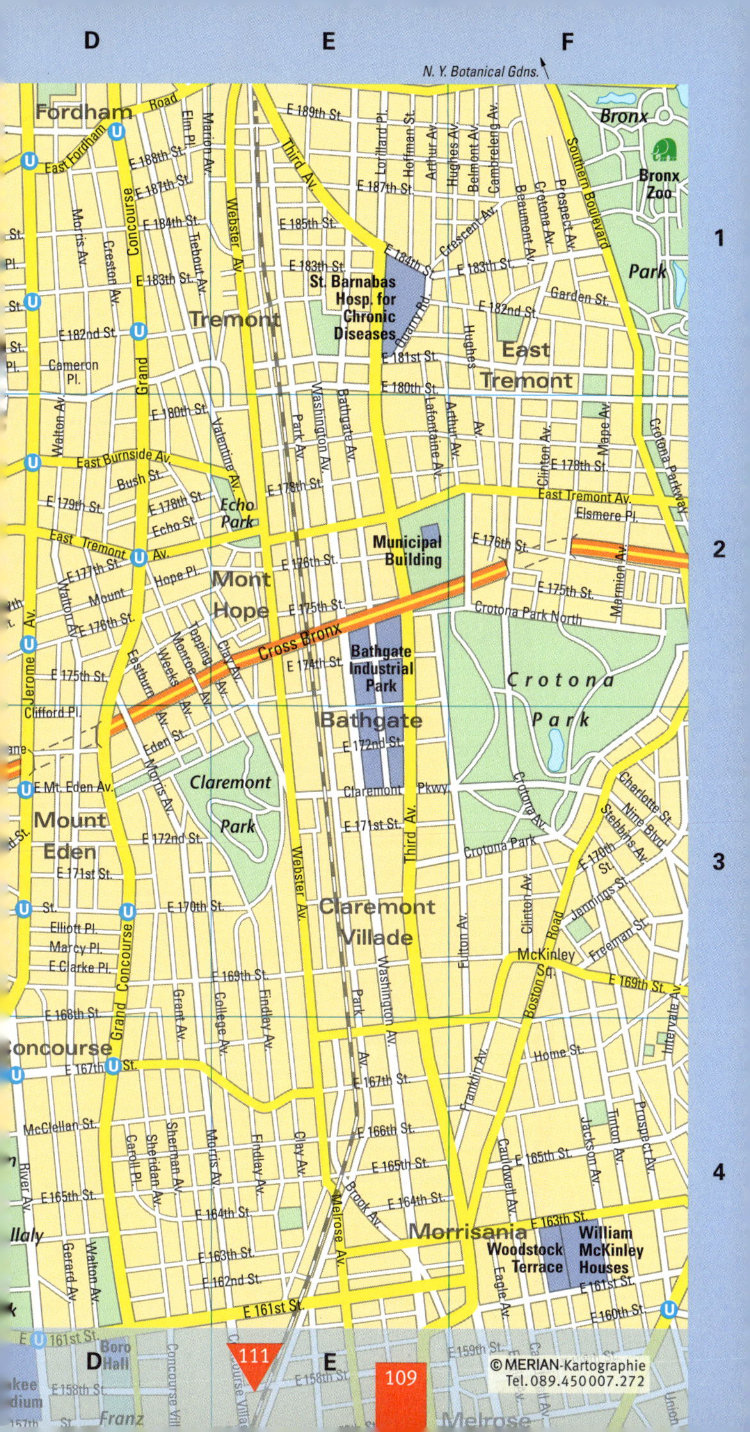
D
E
F
N. Y. Botanical Gdns.
1
2
3
4
Fordham
Fordham Road
East Fordham
Bronx
Bronx Zoo
Park
E 189th St.
E 188th St.
E 187th St.
E 184th St.
E 183th St.
E 182nd St.
E 185th St.
E 181st St.
E 180th St.
E 178th St.
E 179th St.
E 177th St.
E 176th St.
E 175th St.
E 174th St.
E 172nd St.
E 171st St.
E 170th St.
E 169th St.
E 168th St.
E 167th St.
E 166th St.
E 165th St.
E 164th St.
E 163th St.
E 162nd St.
E 161st St.
E 160th St.
E 159th St.
E 158th St.
Elm Pl.
Marion Av.
Third Av.
Lorillard Pl.
Hoffman St.
Arthur Av.
Hughes Av.
Belmont Av.
Cambreleng Av.
Southern Boulevard
Crescent Av.
Beaumont Av.
Crotona Av.
Prospect Av.
Garden St.
Webster Av.
Tiebout Av.
Creston Av.
Morris Av.
Grand Concourse
Tremont
East Tremont
St. Barnabas Hosp. for Chronic Diseases
Quarry Rd.
Cameron Pl.
Walton Av.
Valentine Av.
Washington Av.
Bathgate Av.
Lafontaine Av.
Park Av.
Mapes Av.
Clinton Av.
Crotona Parkway
East Burnside Av.
Bush St.
Echo Park
Echo St.
East Tremont Av.
Elsmere Pl.
Municipal Building
Hope Pl.
Mont Hope
Mount Av.
Cross Bronx
Crotona Park North
Marmion Av.
Bathgate Industrial Park
Crotona Park
Jerome Av.
Clifford Pl.
Eastburn Av.
Weeks Av.
Monroe Av.
Topping Av.
Clay Av.
Bathgate
Eden St.
E Mt. Eden Av.
Claremont Park
Claremont Pkwy
Charlotte St.
Nine Blvd.
Stebbins Av.
Mount Eden
Jennings St.
Freeman St.
Claremont Village
Fulton Av.
Boston Road
McKinley Sq.
Elliott Pl.
Marcy Pl.
E Clarke Pl.
Grant Av.
College Av.
Findlay Av.
Intervale Av.
Concourse
Home St.
Franklin Av.
McClellan St.
Carroll Pl.
Sheridan Av.
Sherman Av.
Tinton Av.
Jackson Av.
Cauldwell Av.
River Av.
Gerard Av.
Brook Av.
Melrose Av.
Morrisania
Woodstock Terrace
William McKinley Houses
Eagle Av.
Boro Hall
Concourse Vill.
111
© MERIAN-Kartographie Tel. 089.450007.272
Franz
Melrose

A
B
C
5
6
7
8
108
112
0
600 m
N
Center
W 164th St.
W 162nd St.
161 St.
W 160th St.
Edgecombe Av.
Edw. M-Morgan Pl.
Drive
157 St.
Audubon Terrace
W 156th St.
W 155th St.
155 St.
Riverside
Trinity Cemetery
Broadway
St. Nicholas Ave
St. Nicholas Pl.
Macomb's Dam Bridge
Macomb's Pl.
Harlem River Dr.
W 152nd St.
W 150th St.
W 148th St.
148 St.
W 146th St.
W 145th St.
145 St.
W 144th St.
Hamilton Heights
Edgecombe Avenue
Bradhurst Avenue
River-side park
Henry Hudson Parkway
W 142nd St.
W 140th St.
W 138th St.
W 136th St.
W 135th St.
W 134th St.
137 St. City College
Amsterdam Av.
Convent Ave.
The City College of N. Y. (CUNY)
St. Nicholas Park
Frederick Douglass Blvd.
Adam Clayton Powell Jr. Blvd.
Lenox Av.
Riverside Drive
135 St.
Manhattanville
W 132nd St.
W 130th St.
Harlem
125 St.
W 125th St.
Metropolitan Baptist Church
Apollo Theater
Riverside Dr. West
Riverside Dr. East
Grant's Tomb
Jewish Theolog. Seminary
W 124th St.
The Studio Museum
W 122nd St.
Morning-side Park
Riverside Church
Teachers College
River-side Park
Morningside Drive
Morningside Av.
W 120th St.
W 118th St.
Barnard College
Columbia University
Columbia Univ 116 St.
W 116th St.
116 St.
St. Nicholas Av.
W 114th St.
St. Luke's Hospital
Morningside Heights
Cathedral of St. John the Divine
W 112th St.
Cathedral Parkway
110 St.
Central Park
Seventh Av.
W 108th St.
W 106th St.
Manhattan Valley
Park West
Lasker Rink

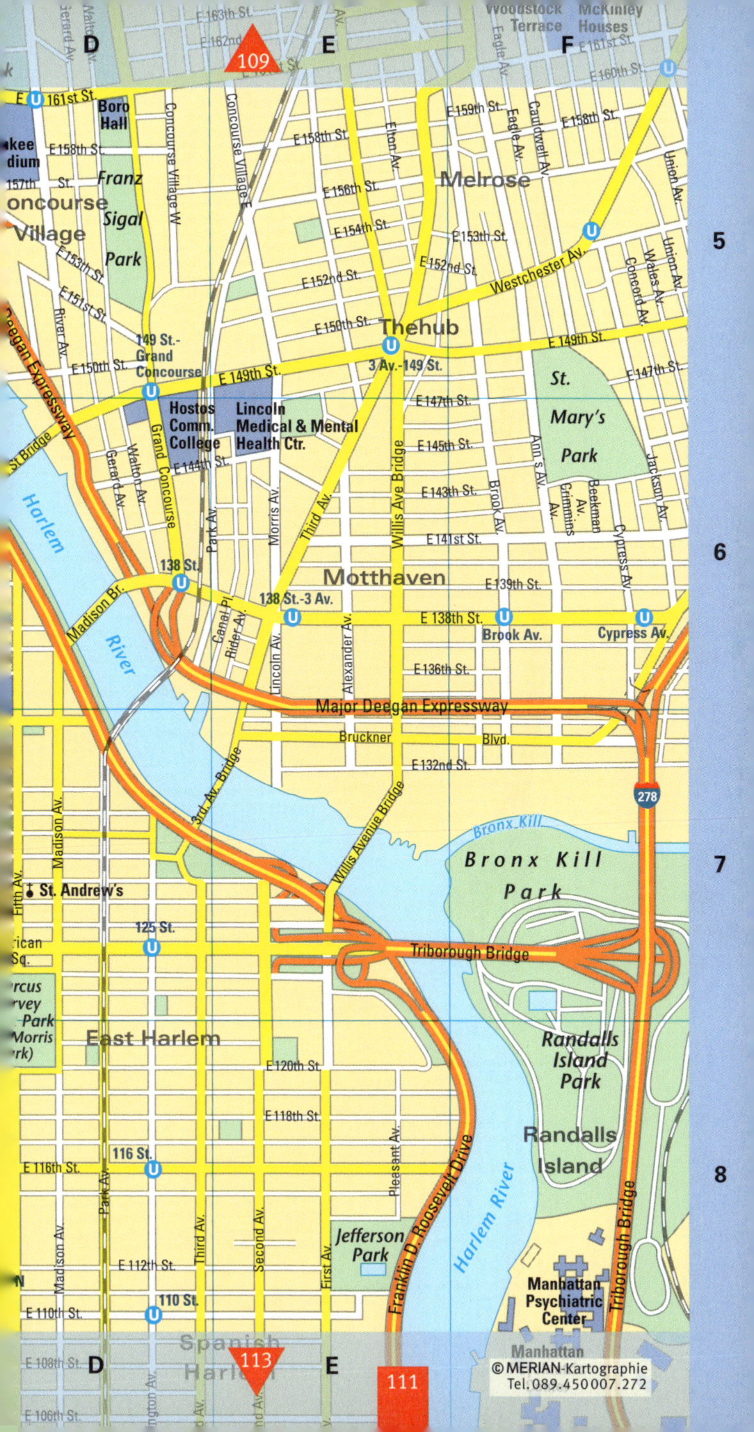

D
E
F
109
Woodstock Terrace
McKinley Houses
E 163th St.
E 162nd St.
E 161st St.
E 160th St.
E 161st St.
Boro Hall
Concourse Village W
Concourse Village E
E 158th St.
E 159th St.
Elton Av.
Eagle Av.
Cauldwell Av.
E 158th St.
Union Av.
Melrose
Franz Sigal Park
Concourse Village
E 156th St.
E 154th St.
E 153th St.
E 152nd St.
E 152nd St.
Westchester Av.
E 153th St.
E 151st St.
E 150th St.
E 150th St.
Thehub
3 Av.-149 St.
E 149th St.
E 149th St.
149 St.-Grand Concourse
River Av.
Deegan Expressway
Hostos Comm. College
Lincoln Medical & Mental Health Ctr.
St. Mary's Park
E 147th St.
E 147th St.
E 145th St.
E 144th St.
E 143th St.
E 141st St.
E 139th St.
Walton Av.
Gerard Av.
Grand Concourse
Park Av.
Morris Av.
Third Av.
Willis Ave Bridge
Brook Av.
St. Ann's Av.
Beekman Av.
Grimmins Av.
Cypress Av.
Jackson Av.
Concord Av.
Wales Av.
Union Av.
Harlem River
Madison Br.
138 St.
138 St.-3 Av.
Motthaven
E 138th St.
Brook Av.
Cypress Av.
Canal Pl.
Rider Av.
Lincoln Av.
Alexander Av.
E 136th St.
Major Deegan Expressway
Bruckner Blvd.
E 132nd St.
278
3rd. Av. Bridge
Willis Avenue Bridge
Bronx Kill
Bronx Kill Park
Madison Av.
Fifth Av.
St. Andrew's
125 St.
Triborough Bridge
East Harlem
Randalls Island Park
Randalls Island
E 120th St.
E 118th St.
E 116th St.
116 St.
Park Av.
Pleasant Av.
Franklin D. Roosevelt Drive
Harlem River
Jefferson Park
Third Av.
Second Av.
First Av.
E 112th St.
Madison Av.
Triborough Bridge
Manhattan Psychiatric Center
110 St.
E 110th St.
Spanish Harlem
113
E 108th St.
E 106th St.
Manhattan
© MERIAN-Kartographie
Tel. 089.450007.272
5
6
7
8

A
B
C
9
10
11
12
110
112
114
Heights
Cathedral of St. John the Divine
Cathedral Parkway 110 St.
Cathedral Parkway
W 112th St.
Cathedral Parkway 110 St.
Central Park
W 108th St.
W 106th St.
W 104th St.
W 102nd St.
W 100th St.
W 98th St.
W 96th St.
W 94th St.
W93th St.
W 92nd St.
W91st St.
W 90th St.
W 89th St.
W 88th St.
W 86th St.
W 84th St.
W 82nd St.
W 79th St.
W 77th St.
W 75th St.
W 72nd St.
W 70th St.
W 68th St.
W. 66th St.
W. 64th St.
W 62nd St.
W 58th St.
Manhattan Valley
Riverside Park
Riverside Drive
Riverside Museum
Henry Hudson Parkway
Miller Highway
103 St.
96 St.
86 St.
81 St.
79 St.
72 St.
66 St. Lincoln Center
59 St. Columbus Circle
57 St.
Broadway
Amsterdam Av.
Columbus Av.
Manhattan Av.
Central Park West
West End Av.
Freedom Pl.
Lasker Rink
The Pool
Central Park
Transverse Rd.
Jackie Onassis Reservoir
West Drive
Upper West Side
Soldiers & Sailors Mon.
Jewish Center
Children's Mus. of Manhattan
Jewish Martyrs Mem.
First Baptist Church
Hayden Planetarium
Delacorte Theater
Belvedere Lake
Museum of Natural History
American Museum of Natural History
N.Y. Hist. Society
The Lake
Strawberry Fields
Rutgers
Dakota Bldg.
Bowling Greens
Tavern on the Green
The Sheep Meadow
Transverse Rd. No.1
Lincoln Towers
A. Tully Hall
A. Fisher Hall
V. Beaumont Theater
Lincoln Cent.
Metropolitan Opera
N.Y. State Theater
Amsterdam Houses
Empire
Mayflower
Fordham University
Heckscher Playground
Lincoln Square
St. Paul
Columbus Circle
Central Park South
Essex Hse.
Ritz-Carlton
Hudson Hotel
Carnegie
Parker Meridien
0
600 m
N
99
98
97

D
E
F
111
115
113
9
10
11
12
E 112th St.
110 St.
E 110th St.
Manhattan Psychiatric Center
Spanish Harlem
E 108th St.
E 106th St.
Lexington Av.
Third Av.
Second Av.
First Av.
E 104th St.
103 St.
Foot Bridge
Wards Island
Park
E 102nd St.
Fifth Av.
Mt. Sinai Hospital
E 100th St.
E 98th St.
Metropolitan Hospital
Hell Gate
E 96th St.
96 St.
Mill Rock Park
Park Av.
E 94th St.
Carnegie Hill
Franklin D. Roosevelt Drive
6th Av.
Astoria
7th Av.
The Jewish Museum
E 92nd St.
Cooper Hewitt Nat. Museum of Design
E 90th St.
Solomon R. Guggenheim Museum
Gracie Mansion
E 88th St.
Carl Schurz Park
Halletts Cove
E 86th St.
86 St.
Yorkville
E 84th St.
Goethe Hse.
Coler Mem. Hospital and Home
E 82nd St.
East End Av.
Temple Shaaray Tefila
80th St.
Madison Av.
Upper East Side
78th St.
John Jay Park
77 St.
E 76th St.
Carlyle
Hellenic Cathedral
Roosevelt Island
Whitney Museum of American Art
E 74th St.
Light Opera of Manhattan
E 72nd St.
St. James Church
E 70th St.
Frick Collection
Correction Hospital
68 St. Hunter College
E 68th St.
York Av.
Rockefeller University
Temple Emanu-El
E 66th St.
Roosevelt
Roosevelt Island
Channel
Plaza-Athénée
Lenox Hill
Pan American Metroport (Heliport)
E 64th St.
Island
Barbizon
Lexington Av.
E 62nd St.
East
Aerial Tramway
Barney's
Lexington Av.
Bloomingdale's
E 60th St.
Queensboro Bridge
General Motors Bldg.
59 St.
E 58th St.
Trump Tower
Drake
E 57th St.
Manhattan Arts & Antique
Midtown
© MERIAN-Kartographie
Tel. 089.450007.272
Memorial Hospital

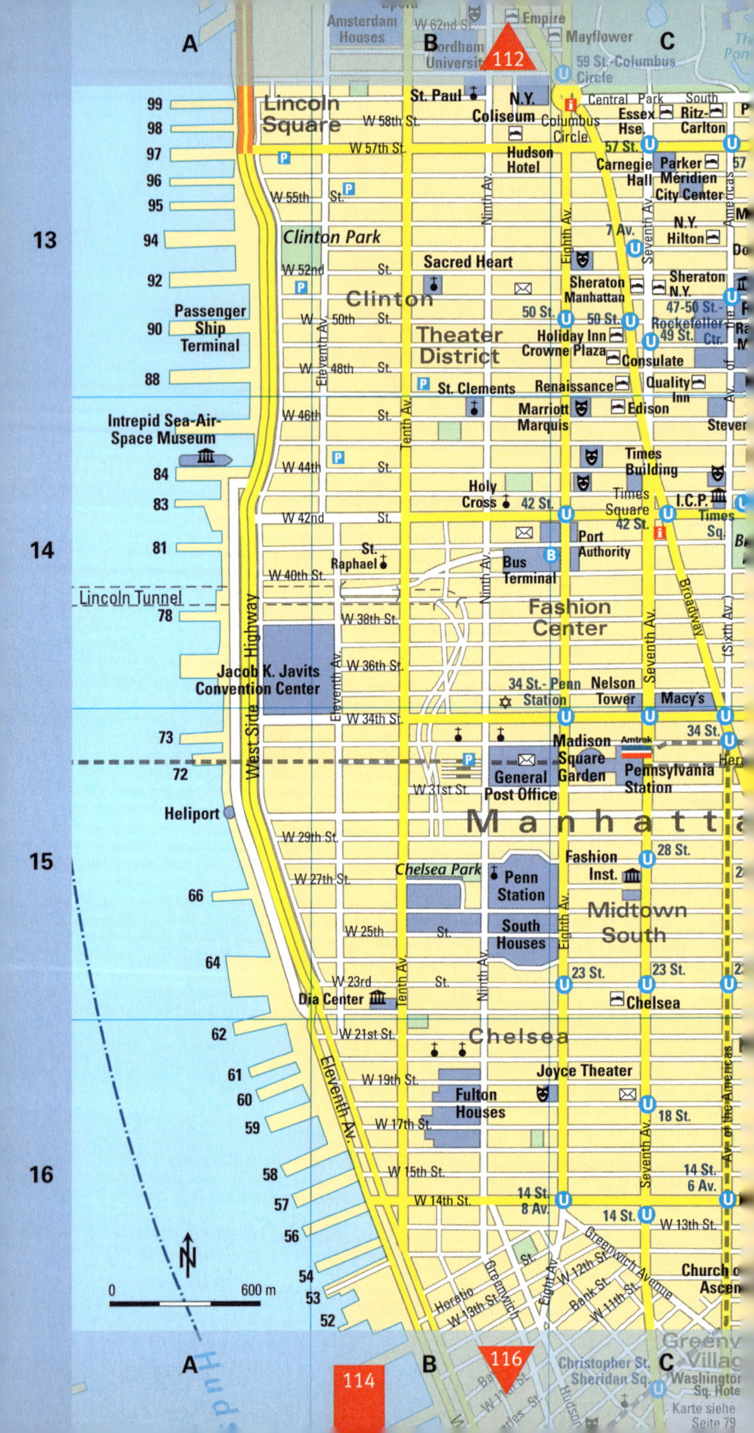

A
B
C
112
Amsterdam Houses
Fordham University
Empire
Mayflower
59 St.-Columbus Circle
Lincoln Square
St. Paul
N.Y. Coliseum
Columbus Circle
Central Park South
Essex Hse.
Ritz-Carlton
W 58th St.
W 57th St.
57 St.
Hudson Hotel
Carnegie Hall
Parker Meridien
City Center
W 55th St.
Ninth Av.
Eighth Av.
Seventh Av.
7 Av.
N.Y. Hilton
13
94
Clinton Park
Sacred Heart
W 52nd St.
92
Clinton
Sheraton Manhattan
Sheraton N.Y.
47-50 St.-Rockefeller Ctr.
Passenger Ship Terminal
90
W 50th St.
Eleventh Av.
Theater District
50 St.
Holiday Inn Crowne Plaza
Consulate
49 St.
88
W 48th St.
St. Clements
Renaissance
Quality Inn
Intrepid Sea-Air-Space Museum
W 46th St.
Tenth Av.
Marriott Marquis
Edison
84
W 44th St.
Times Building
83
Holy Cross
42 St.
Times Square 42 St.
I.C.P.
Times Sq.
W 42nd St.
14
81
St. Raphael
Port Authority
Bus Terminal
W 40th St.
Lincoln Tunnel
78
W 38th St.
Fashion Center
Broadway
(Sixth Av.)
West Side Highway
Jacob K. Javits Convention Center
W 36th St.
34 St.-Penn Station
Nelson Tower
Macy's
W 34th St.
73
34 St.
Madison Square Garden
Amtrak
72
General Post Office
Pennsylvania Station
W 31st St.
Heliport
Manhattan
W 29th St.
15
Fashion Inst.
28 St.
W 27th St.
Chelsea Park
Penn Station
66
Midtown South
W 25th St.
South Houses
64
W 23rd St.
23 St.
Dia Center
Chelsea
62
W 21st St.
Chelsea
Joyce Theater
61
60
W 19th St.
Fulton Houses
59
W 17th St.
18 St.
Eleventh Av.
16
58
W 15th St.
14 St. 6 Av.
57
W 14th St.
14 St. 8 Av.
14 St.
W 13th St.
Av. of the Americas
56
Greenwich Avenue
W 12th St.
Bank St.
W 11th St.
Horatio
W 13th St.
Greenwich
Church of the Ascension
0
600 m
N
54
53
52
Hudson
114
116
Christopher St. Sheridan Sq.
Greenwich Village
Washington Sq. Hotel
Karte siehe Seite 79

D
E
F
113
117
Lexington Av.
E 62nd
Barney's
Aerial
Tramway
Lexington Av.
Bloomingdale's
E 60th St.
Queensboro Bridge
General Motors Bldg.
59 St.
E 58th St.
Trump Tower
Drake
E 57th St.
Manhattan Arts & Antique Center
AT&T Bldg. (Sony)
Midtown
E 55th St.
Goldwater Memorial Hospital
St. Thomas
Lever Hse.
Citibank
Lexington- 3 Aves.
City Hospital
Olympic Tower
E 53rd
Citicorp Ctr.
Seagram Bldg.
Turtle Bay
West Channel
St. Patrick's Cathedral
51 St.
St. Bartholomew's
E 51st St.
Pickwick Arms
Saks Fifth Av.
Waldorf-Astoria
Doral Inn
United Nations Plaza
Intercontinental
E 48th
Roosevelt Memorial
Radisson
Helmsley Middletowne
Japan Society
Statue of Peace
E 46th St.
Helmsley Bldg.
Delacorte Geyser
Met Life Bldg.
East River Rd.
E 44th St.
Amtrak
Grand Central Station
United Nations Headquarters
Vanderbilt Av.
Belmont Island
42 St.
Grand Hyatt
Chrysler Bldg.
E 42nd St.
Tudor
Grand Central
N.Y. Helmsley
Journey's End
E 40th St.
Queens Midtown Tunnel
495
Bedford
Kitano
E 38th St.
Murray Hill
Center Blvd.
Morgans
Pierpont Morgan Library
E 36th St.
Heliport
E 34th St.
N.Y. Waterway Ferry
Park Av.
Lexington Av.
Third Av.
Second Av.
First Av.
33 St.
Madison Av.
N.Y. University Medical Center
E 29th St.
Church Around the Corner
28 St.
Bellevue Hospital Center
N.Y. Life Bldg.
Kips Bay
East River
Madison Square Park
E 25th St.
Veterans Administr. Hospital
Marina and Midtown Skyport
Metroplitan Life Bldg.
E 23rd St.
23 St.
Franklin D. Roosevelt Drive
Gramercy Park
E 21st St.
Police Academy Museum
E 19th St.
Gramercy
E 17th St.
Union Square Park
St. George's
E 17th St.
Stuyvesant Sq.
Stuyvesant Town
Irving Pl.
Park
E 15th St.
Union Sq.
E 14th St.
14 St.
1 Av.
Union Sq.
3 Av.
Campos Plaza
Union Square
St. Mark's in the Bowery
E 12th St.
Haven Plaza
11th St.
Grace Church
Fourth Av.
E 10th St.
E 9th St.
E 8th St.
Astor Place
St. Mark's Place
Tompkins Square
Cooper Union Found. Bldg.
Astor Pl.
E 6th St.
Village

13

14

15

16

A
B
C
114
Church of Ascens
54
53
52
51
49
48
46
45
42
40
34
32
26
25
Hudson River
Greenwich Village
Christopher St. Sheridan Sq.
Washington Sq. Hotel
Karte siehe Seite 79
West 4 St. Washington Sq.
Bank St.
W 11th St.
Charles St.
W 10th St.
Barrow St.
Hudson
Seventh Av.
Avenue of the Americas
West St.
West Village
West Houston
Houston St.
Spring St.
Vandam
Hudson
Varick
Canal
Greenwich
Beach
Tribeca Grill
Harrison St.
Washington Market Park
Holland Tunnel
Hoboken, New Jersey
Hudson River Park
Chambers
Warren
St.
River Terrace
North End Av.
Vesey St.
Battery Park City
World Financial Center
Gateway Plaza
Rector Park
Mus. of Jewish Heritage
Jersey City
Newark Int. Airport
New York
New Jersey
N
0
600 m
17
18
19
20
A
B
C
116

D
E
F
115
118
17
18
19
20
St. Mark's in the Bowery
Astor Place
Cooper Union Found. Bldg.
St. Mark's Place
Tompkins Square Park
East Village
Village View
Washington Square Park
N.Y. University
The J. Papp P. Th.
NoHo
University Plaza
Broadway-Lafayette St.
Bleecker St.
East Houston St.
Stanton St.
Hamilton Fish Park
New Mus. of Contemporary Art
Guggenheim SoHo
Prince St.
Spring St.
Rivington St.
Tenement Mus.
Sara
Bowery
Lower
Delancey St.
Essex St.
Little
Italy
Haughwout Bldg.
Broome St.
Kenmare St.
East
D. Roosevelt
Grand St.
Vladeck Houses
Side
Corlears Hook Park
Seward Park
East Broadway
Canal St.
Eastern States Buddhist Temple of America
Park
Eldridge Street Synagoge
Madison St.
Water St.
Rutgers Houses
Rutgers Park
Franklin D. Roosevelt D.
China-Town
AT & T Bldg.
Federal Bldg.
N.Y. County Court House
Chatham Towers
Civic Center
Foley Sq.
Chambers St.
Municipal Bldg.
Brooklyn Bridge-City Hall
City Hall
Two Bridges
Manhattan Bridge
Marine Air Terminal, La Guardia Airport
Park Pl.
St. Paul's Chapel
South Bridge Towers
Brooklyn Bridge
Broadway-Nassau St.
Fulton Fish Market
Fulton Ferry
River Café
Fulton St.
Fulton Market
Mus.
Trinity Church
Fed. Hall Nat. Mem.
Wall St.
Pine St.
Elevated Highway
Fulton Landing Ferry
High St. Brooklyn Bridge
Washington St.
N.Y. Stock Exchange
Broad St.
Water St.
South St.
Parkes Cadman Plaza
US Court H.
Brooklyn Queens Expressway
Orange St.
Pineapple St.
Clark St.
Henry St.
Hicks St.
Willow St.
Columbia St.
Monroe Pl.
Nat. Mus. of the American Indian
Vietnam Veterans Plaza
Whitehall St.
Downtown Manhattan Heliport
Municipal Ferry Terminal
Battery Park
Brooklyn Battery T.
South Ferry
Statue of Liberty
Governors Island
Staten I.
Bay Ridge
Brooklyn Heights
Pierrepont St.
Montague St.
Remsen St.
Grace St.
Joralemon St.
Clinton St.
Court St.
East River

A
B
C
La Guardia Airport, Flu
21
22
23
24
Williamsburg
Lee Av.
Division Av.
Kent Av.
Wythe Av.
Clymer St.
Taylor St.
Wilson St.
Ross St.
Hewes St.
Penn St.
Rutledge St.
Heyward St.
Hooper St.
Wall
Kent
Taaffe
Classon
Vladeck Houses
Corlears Hook Park
South St.
Vinegar Hill
Brooklyn Navy Yard
Industrial Park
Flushing Av.
Ryerson St.
Hall St.
Steuben St.
Washington Av.
278
Clin
Hi
John St.
Plymouth St.
Water St.
Front St.
York St.
Sands St.
Nassau St.
Carlton Av.
York St.
Comodore J.Barry Park
Brooklyn Queens Expressway
N. Portland Av.
Edwards St.
Navy St.
Gold St.
Prince St.
Jay St.
Concord St.
Flatbush Av.
Cumberland St.
Adelphi St.
Clermont Av.
Vanderbilt Av.
Clinton Av.
Waverly Av.
117
Clinton Wash Aves.
Parkes Cadman Plaza
US Court Hse.
Tillary St.
Nyc Tech. Col.
Tech Pl.
Adams St.
Polytechnic Univ.
Fort Greene Park
Brooklyn Hospital Center
Willoughby Av.
Long Island Univ.
Oxford Pl.
Lafayette Av.
Jay St. Borough Hall
Lawrence St.
Bridge St.
Duffield St.
Gold St.
Mall
Rockwell Pl.
St. Felix St.
Greene Pl.
Elliot Pl.
Fort Greene
Fulton St.
Ful
Court St.
Civic Center
Monroe Pl.
Pierrepont St.
Montague St.
Clinton St.
Fulton St.
Hoyt St. Fulton Mall
De Kalb Av.
Nevins St.
Lafayette Av.
Hanson Pl.
Br
Borough Hall
Livingston St.
Flatbush Av.
Atlantic Av.
Remsen St.
Schermerhorn St.
Hoyt-Schermerhorn Sts.
State St.
Atlantic Av.
Atlantic Av.
6th Av.
Pacific St.
Dean St.
State St.
Boerum Pl.
Atlantic Av.
Boerum Hill
Pacific St.
Pacific St.
Pacific St.
Dean St.
Smith St.
Hoyt St.
Bond St.
Nevins St.
3rd Av.
4th Av.
5th Av.
Bergen St.
Bergen St.
Cobble Hill
Bergen St.
Wyckoff St.
Warren St.
Warren St.
Baltic St.
Court St.
Butler St.
Carroll Gardens
Douglass St.
De Graw St.
De Graw St.
Sackett St.
Union St.
Union St.
Clinton St.
Strong Pl.
Tompkins Pl.
6th Av.
A
B
C

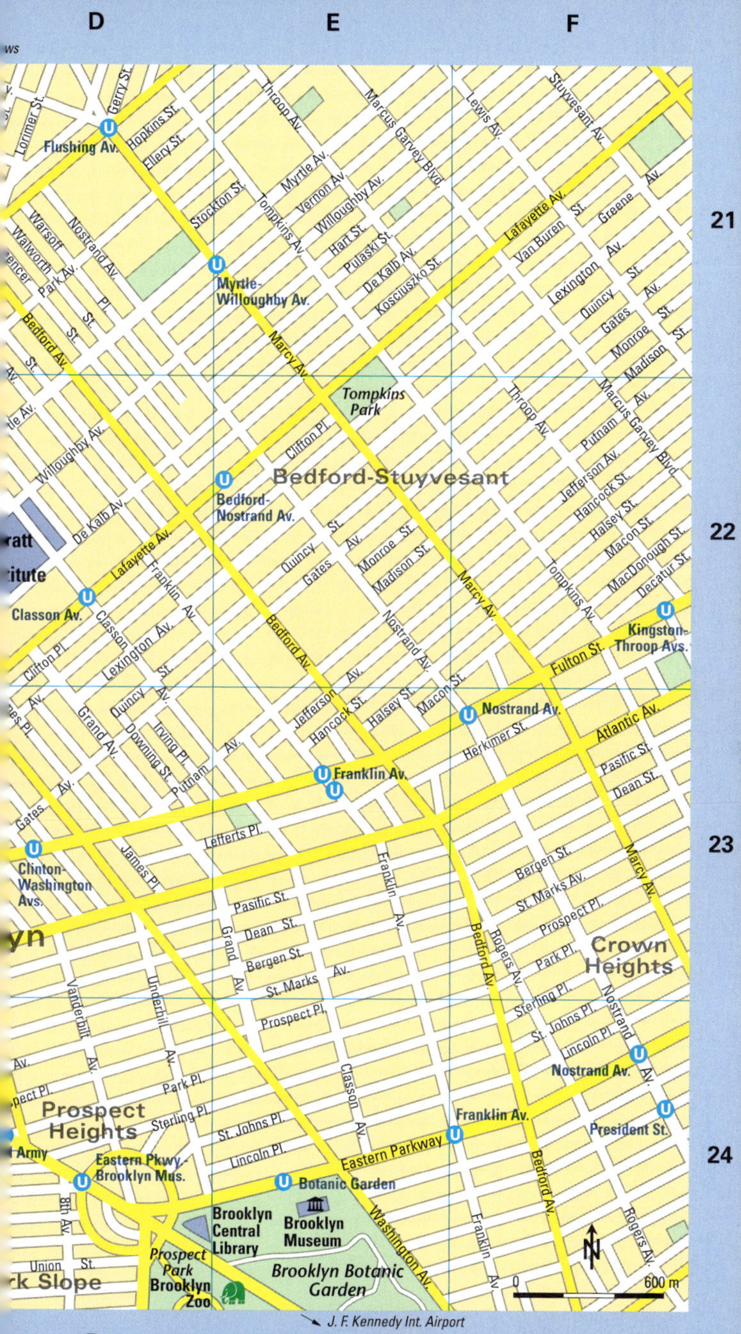
D
E
F
21
22
23
24
Flushing Av.
Lorimer St.
Gerry St.
Hopkins St.
Ellery St.
Throop Av.
Marcus Garvey Blvd.
Lewis Av.
Stuyvesant Av.
Myrtle Av.
Vernon Av.
Willoughby Av.
Stockton St.
Tompkins Av.
Hart St.
Pulaski St.
De Kalb Av.
Kosciuszko St.
Lafayette Av.
Van Buren St.
Greene Av.
Lexington Av.
Quincy St.
Gates Av.
Monroe St.
Madison St.
Warsoff Pl.
Walworth St.
Nostrand Av.
Park Av.
Myrtle-Willoughby Av.
Bedford Av.
Marcy Av.
Tompkins Park
Clifton Pl.
Bedford-Stuyvesant
Bedford-Nostrand Av.
Putnam Av.
Jefferson Av.
Hancock St.
Halsey St.
Macon St.
MacDonough St.
Decatur St.
Kingston-Throop Avs.
Fulton St.
Classon Av.
Franklin Av.
Grand Av.
Downing St.
Irving Pl.
Nostrand Av.
Herkimer St.
Atlantic Av.
Pasific St.
Dean St.
Franklin Av.
Gates Av.
Clinton-Washington Avs.
Lefferts Pl.
James Pl.
Bergen St.
St. Marks Av.
Prospect Pl.
Crown Heights
Park Pl.
Sterling Pl.
St. Johns Pl.
Lincoln Pl.
Rogers Av.
Vanderbilt Av.
Underhill Av.
Prospect Heights
Eastern Parkway
Eastern Pkwy.-Brooklyn Mus.
Botanic Garden
President St.
Washington Av.
Brooklyn Central Library
Brooklyn Museum
Prospect Park Brooklyn Zoo
Brooklyn Botanic Garden
8th Av.
Union St.
0
600 m
J. F. Kennedy Int. Airport

A
3rd Avenue B24, 118
3rd Avenue Bridge
DE7, 111
4th Avenue C24, 118
5th Avenue C24, 118
6th Avenue C23-24, 118
7th Avenue D24, 119
8th Avenue D24, 119
26th Avenue F10, 113
27th Avenue F10, 113
Adams St. A23, 118
Adelphi Avenue C22-23, 118
African Sq. D7, 111
Alexander Avenue E6, 111
Allen St. E17-18, 117
Amsterdam Avenue B4, 108
Andrews Avenue C2, 108
Ann´s Avenue F6, 111
Aqueduct Avenue C1, 108
Arden St. A2, 108
Arthur Avenue E1-F2, 109
Astor Pl. D17, 117
Atlantic Avenue A24, 118
Avenue A E17, 117
Avenue B EF17, 117
Avenue C F17, 117
Avenue D F17, 117
Avenue of the Americas ,
Sixth Avenue C13-16, 114
Avenue of the Americas
C17-18, 116

B
Baltic St. A24, 118
Bank St. B17, 114
Barrow St. BC17, 116
Bathgate Avenue E1-2, 109
Beach St. C18, 116
Beaumont Avenue F1, 109
Bedford Avenue D21-F24, 119
Beekman Avenue F6, 111
Belmont Avenue F1, 109
Bennett Avenue A3, 108
Bergen St. C24-F232, 119
Bleecker St. C17, 116
Boerum Pl. A23-24, 118
Bond St. B24, 118
Boston Road F3, 109
Bowery D17-E18, 117
Bradhurst Avenue B6-C5, 110
Bridge St. A23, 118
Broad St. D20, 117
Broadway A1, 108-D20, 117
Brook Avenue E4, 109
Brooklyn Battery Tunnel
D20, 117
Brooklyn Bridge EF19, 117
Brooklyn Queens
Eastxpressway B22, 117
Broome St. DE18, 117
Bruckner Blvd. EF7, 111
Bush St. D2, 109
Butler St. A24-C24, 118
Bway Ter. A2, 108

C
Cambreleng Avenue F1, 109
Cameron Pl. D1, 109
Canal Pl. E6, 111
Canal St. CE18, 116,117
Carlton Avenue B22-D24, 118
Caroll Pl. D4, 109
Cathedral Parkway B8, 110
Catherine St. E19, 117
Cauldwell Avenue
F4-5, 109,111
Cedar Avenue C2, 108
Center Blvd. F14, 115
Central Park North C8, 110
Central Park South C13, 114
Central Park West C9-12, 112
Centre St. D18, 117
Chambers St. C19, 116
Charles St. B17, 116
Charlotte St. F3, 109
Cherry St. EF18, 117
Chrystie St. E17, 117
Church St. D18-19, 117
Claremont Pkwy. E3, 109
Classon Avenue C21, 118
Clay Avenue E2-4, 109
Clermont Avenue C22-23, 118
Clifford Pl. D3, 109
Clifton Pl. DE22, 119
Clinton Avenue F2-3, 109
Clinton Pl. C1, 108
Clinton St. E17-F18, 117
Clymer St. B21, 118
College Avenue E3-4, 109
Columbia St. F17, 117
Columbus Avenue B9-11, 112
Columbus Circle C13, 114
Concord Avenue F5, 111
Concord St. A22-23, 118
Concourse Village East
E5, 111
Concourse Village West
D5, 111
Convent Ave. B6, 110
Cooper St. A1, 108
Court St. A24, 118
Crescent Avenue EF1, 109
Creston Avenue D1, 109
Crimmins Avenue F6, 111
Cromwell Avenue C3, 108
Crotona Avenue F1-3, 109
Crotona Park F3, 109
Crotona Park North F2, 109
Crotona Parkway F2, 109
Cumberland St. B22-C23, 118
Cypress Avenue F6, 111

D
De Graw St. A24-C24, 118
De Kalb Avenue
D22-E21, 119
Dean St. A24, 118-F3, 119
Decatur St. F22, 119
Delancey St. E18-F17, 117
Division Avenue B21, 118
Douglass St. AC24, 118
Downing St. D23, 119
Dr. Martin Luther King Blvd.
C4, 108
Duffield St. A23, 118
Dyckman St. A1-2, 108

E
Eagle Avenue F4, 109-F5, 111
East 100th St. D9, 113
East 102nd St. D9, 113
East 104th St. D9, 113
East 106th St. D9, 113
East 108th St. D9, 113
East 10th St. DE16, 115
East 110th St. D8, 111
East 112th St. D8, 111
East 116th St. D8, 111
East 118th St. D8, 111
East 11th St. D16, 115
East 120th St. D8, 111
East 12th St. E16, 115
East 132nd St. EF7, 111
East 136th St. EF6, 111
East 138th St. EF6, 111
East 139th St. F6, 111
East 141th St. EF6, 111
East 143th St. EF6, 111
East 144th St. DE6, 111
East 145th St. EF6, 111
East 147th St. EF5, 111
East 149th St. DF5, 111
East 14th St. DE16, 115
East 150th St. DE5, 111
East 151th St. D5, 111
East 152nd St. EF5, 111
East 153th St. DF5, 111
East 154th St. E5, 111
East 156th St. E5, 111
East 157th St. D5, 111
East 158th St. DF5, 111
East 159th St. F5, 111
East 15th St. DE16, 115
East 160th St. F4, 109
East 161th St. F4, 109
East 162nd St. DE4, 109
East 163th St. DF4, 109
East 164th St. DE4, 109
East 165th St. DF4, 109
East 166th St. E4, 109
East 167th St. DE4, 109
East 168th St. D3-4, 109
East 169th St. EF3, 109

East 170th St. DF3, 109
East 171sz St. E3, 109
East 171st St. D3, 109
East 172nd St. DE3, 109
East 174th St. E2, 109
East 175th St. DF2, 109
East 176th St. DF2, 109
East 177th St. D2, 109
East 178th St. DF2, 109
East 179th St. D2, 109
East 17th St. DE16, 115
East 180th St. D2-E1, 109
East 181th St. E1, 109
East 182nd St. DF1, 109
East 183th St. DF1, 109
East 184th St. DE1, 109
East 185th St. E1, 109
East 187th St. DE1, 109
East 188th St. D1, 109
East 189th St. E1, 109
East 19th St. D16, 115
East 1st St. E17, 117
East 21th St. D16, 115
East 23rd St. D15, 115
East 25th St. D15, 115
East 29th St. DE15, 115
East 2nd St. DE17, 117
East 34th St. D15, 115
East 36th St. D14, 115
East 38th St. D14, 115
East 40th St. D14, 115
East 42nd St. E14, 115
East 44th St. DE14, 115
East 46th St. DE14, 115
East 48th St. DE13, 115
East 4th St. DE17, 117
East 51st St. E13, 115
East 53rd St. DE13, 115
East 55th St. D13, 115
East 57th St. D13, 115
East 58th St. DE13, 115
East 60th St. D12, 113
East 62nd St. D12, 113
East 64th St. D12, 113
East 66th St. D12, 113
East 68th St. E12, 113
East 6th St. DE17, 117
East 70th St. D12, 113
East 72nd St. D12, 113
East 74th St. DE11, 113
East 76th St. D11, 113
East 78th St. DE11, 113
East 80th St. DE11, 113
East 82nd St. D11, 113
East 84th St. D11, 113
East 86th St. D10, 113
East 88th St. E10, 113
East 8th St. DF17, 117
East 90th St. E10, 113
East 92nd St. E10, 113
East 94th St. D10, 113
East 96th St. D10, 113
East 98th St. D9, 113
East 9th St. F16, 115
East Broadway EF18, 117
East Burnside Avenue
D2, 109
East Clarke Pl. D3, 109
East Drive D10, 113
East End Avenue EF11, 113
East Fordham Road D1, 109
East Houston St. DE17, 117
East Mt. Eden Avenue
D3, 109
East River Rd. F14, 115
East Tremont Avenue
DF2, 109
Eastburn Avenue D2-3, 109
Eastern Parkway E24, 119
Echo St. D2, 109
Eden St. D3, 109
Edgecombe Avenue B4, 108
Edw. M-Morgan Pl. B5, 110
Edward Grant C3, 108
Edwards St. B22, 118
Eighth Avenue B16-C13, 114
Elevated Highway
E19-20, 117
Eleventh Avenue B16, 114
Ellery St. D21, 119
Elliott Pl. D3, 109
Ellwood St. A2, 108
Elm Pl. D1, 109
Elsmere Pl. F2, 109
Elton Avenue E5, 111
Essex St. E18, 117
Evelyn Pl. C1, 108

F
Fairview Avenue AB2, 108
Featherbed Lane C3, 108
Fifth Avenue D7, 111
Findlay Avenue E3-4, 109
First Avenue E8-16, 111-115
Flatbush Avenue
A23-C24, 118
Flushing Avenue B22, 118
Foley Sq. D18-19, 117
Foot Bridge EF9, 113
Forsyth St. E17-18, 117
Fort Washington Avenue
A3-4, 108
Fourth Avenue D16, 115
Franklin Avenue F4, 109
Franklin D. Roosevelt Drive
F8, 111
Freedom Pl. A12, 112
Freeman St. F3, 109
Front St. A22, 118
Fulton Avenue F3, 109
Fulton St. A23, 118
Fulton St. F20, 117

G
Garden St. F1, 109
Gates Avenue D23-F21, 119
Gerard Avenue D4, 109
Gerry St. D21, 119
Gold St. D19, 117
Grand Avenue DE23, 119
Grand Concourse
D1, 109-F6, 111
Grand St. DE18, 117
Grant Avenue D3-4, 109
Greene Avenue
C23-F21, 118
Greene Pl. B23, 118
Greene St. D17-18, 117
Greenwich Avenue
C16, 114
Greenwich St. B16, 114

H
H. Way CD4, 108,109
Hall St. C22, 118
Halsey St. E23-F22, 119
Hancock St. E23-F22, 119
Hanson Pl. C23, 118
Harlem River Drive B4, 108
Harrison Avenue C2, 108
Harrison St. C18, 116
Hart St. E21, 119
Haven Blvd. A3-4, 108
Henry Hudson Parkway
A1, 108
Herald Sq. C15, 114
Herkimer St. F23, 119
Hevins St. B24, 118
Hewes St. C21, 118
Heyward St. C21, 118
Hillside Avenue AB2, 108
Hoffman St. E1, 109
Holland Tunnel B18, 116
Home St. F4, 109
Hooper St. C21, 118
Hopkins St. D21, 119
Horatio St. B16, 116
Hoyt St. A24, 118
Hudson St. C17-18, 116
Hughes Avenue F1-2, 109

I
Intervale Avenue F3-4, 109
Irving Pl. D23, 119
Isham St. B1, 108

J
Jackson Avenue F4, 109
Jackson Avenue F6, 111
James Pl. D23, 119
Jay St. A22-23, 118
Jefferson Avenue E23, 119
Jennings St. F3, 109
Jerome Avenue C4, 10

K
Kenmare St. D18, 117
Kent Avenue BC21, 118
Kosciuszko St. E21, 119

L
La Guardia Pl. D17, 117
Lafayette Avenue
C23, 118-F21, 119
Lafayette St. D17-18, 117
Lafontaine Avenue E2, 109
Lawrence St. A23, 118
Lee Avenue C21, 118
Lefferts Pl. DE23, 119
Lenox Avenue C6-8, 110
Lewis Avenue F21, 119
Lexington Avenue D9, 113
Liberty St. C19, 116
Lincoln Avenue E6, 111
Lincoln Pl. EF24, 119
Lincoln Tunnel A14, 114
Livingston St. AB23, 118
Lorillard Pl. E1, 109
Lorimer St. D21, 119
Loring Pl. C2, 108
Lynch St. C21, 118

M
MacDonough St. F22, 119
Macomb's Avenue C3, 108
Macomb's Dam Bridge
C5, 110
Macomb's Pl. C5, 110
Macon St. E23-F22, 119
Madison Avenue D7, 111
Madison Br. D6, 111
Madison Sq. D15, 115
Madison St. E19-F18, 117
Maiden Lane D19, 117
Major Deegan Expressway
C2, 108
Manhattan Avenue B9, 112
Manhattan Bridge F19, 117
Mape Avenue F2, 109
Marcus Garvey Blvd.
E21-F22, 119
Marcy Avenue C21, 118
Marcy Pl. D3, 109
Marion Avenue DE1, 109
Market St. E18-19, 117
Marmion Avenue F2, 109
Martin Luther King Blvd.
C1-2, 108
McClellan St. D4, 109
McKinley Sq. F3, 109
Melrose Avenue E4, 110
Middleton St. D21, 119
Miller Highway A12, 112
Monroe Avenue D2-E3, 109
Monroe St. F21, 119
Morningside Avenue B8, 110
Morningside Drive B8, 110
Morris Avenue D1, 109
Mount Hope Pl. D2, 109
Murray St. D19, 117
Myrtle Avenue D22-E21, 119

N
Nagle Avenue AB2, 108
Nassau St. B22, 118
Nelson Avenue C3-4, 108
Nigt Bridge(closed)
B4-C3, 108
Nine Blvd. F3, 109
Ninth Avenue B1, 108
North End Avenue C19, 116
North Portland Avenue
B22, 118
Nostrand Avenue
D21-F24, 119

O
Overlook Ter. A3, 108
Oxford Pl. C23, 118

P
Pacific St. AB24, 118
Park Avenue E2, 109
Park Pl. D24-F23, 119
Park Row DE19, 117
Park Ter. East B1, 108
Park Ter. West B1, 108
Pasific St. C24, 118
Payson Avenue A1, 108
Penn St. C21, 118
Phelan Pl. C2, 108
Pike St. E18, 117
Pine St. D20, 117
Pinehurst Avenue A3-4, 108
Pitt St. F17, 117
Pl. Navy B22-23, 118
Pleasant Avenue E8, 111
Popham Avenue C2-3, 108
Post Avenue B1, 108
Prince St. A22, 118
Prince St. D17, 117
Prospect Avenue F1-4, 109
Prospect Pl. D24-F23, 119
Pulaski St. E21, 119
Putnam Avenue D23-F22, 119

Q
Quarry Rd. E1, 109
Queens Midtown Tunnel
EF14, 115
Queensboro Bridge EF12, 113
Quincy St. D23-F21, 119

R
Rider Avenue E6, 111
River Avenue D4, 109
River Terrace C19, 116
Riverside Dr. East A7-8, 110
Riverside Dr. West A7, 110
Riverside Drive A5, 110
Rivington St. E17, 117
Rockwell Pl. B23, 118
Rogers Avenue F23-24, 119
Ross St. C21, 118
Rutledge St. C21, 118
Ryerson St. C22, 118

S
145th St. Bridge D6, 111
Sackett St. AC24, 118
Sands St. A22, 118
Schermerhorn St. AB23, 118
Seaman Avenue A1, 108
Second Avenue E8, 111
Sedgwick Avenue C1-4, 108
Selliot Pl. BC23, 118
Seventh Avenue C8, 110
Shakespeare Avenue
C3-4, 108
Sheridan Avenue D4, 109
Sherman Avenue D4, 109
Sickles St. A2, 108
Sixth Avenue, Avenue of the
Americas C13-16, 114
Skillman St. C21, 118
Smith St. A24, 118
South St. E20-F18, 117
Southern Boulevard F1, 109
Spencer St. D21, 119
Spring St. D18, 117
St. Felix St. B23, 118
St. Johns Pl. EF24, 119
St. Marks Avenue C24, 118
St. Mark's Place E17, 117
St. Nicholas Ave. B3, 108
St. Nicholas Pl. B5, 110
Stanton St. E17, 117
State St. AB24, 118
Stebbins Avenue F3, 109
Sterling Pl. DF24, 119
Steuben St. C22, 118
Stockton St. DE21, 119
Strong Pl. A24, 118
Stuyvesant Avenue F21, 119
Stuyvesant Sq. E16, 115
Stuyvesant Town E16, 115

T
Taaffe Pl. C21, 118
Taylor St. B21, 118
Tech Pl. A23, 118
Tenth Avenue B1, 108
Thayer St. A1-2, 108
Third Avenue E1, 109
Throop Avenue E21-F22, 119
Tiebout Avenue D1, 109
Tillary St. A23, 118
Times Square C14, 114

Tinton Avenue F4, 109
Tompkins Avenue E21-F22, 119
Tompkins Pl. A24, 118
Topping Avenue DE2, 109
Transverse Rd. No.1 C12, 112
Transverse Rd.No.2 C11, 112
Transverse Rd.No.3 C10, 112
Transverse Rd.No.4 C10, 112
Triborough Bridge F8, 111
Trinity Place D19, 117

U
Underhill Avenue D23, 119
Union Avenue F5, 111
Union Sq. D16, 115
Union St. D24, 119
University Heights Br. BC1, 108

V
Valentine Avenue E2, 109
Van Buren St. F21, 119
Vandam St. C17-18, 116
Vanderbilt Avenue D14, 115
Varick St. C18, 116
Vermilyea Avenue AB1, 108
Vernon Avenue E21, 119
Vesey St. C19, 116
Vietnam Veterans Plaza DE20, 117

W
Wadsworth Avenue A3, 108
Wales Avenue F5, 111
Wall St. D19-20, 117
Wallabout St. C21, 118
Walton Avenue D2-6, 109-111
Walworth St. D21, 119
Warren St. C19, 116
Warsoff Pl. D21, 119
Washington Avenue E1-4, 109
Washington Bridge BC3, 108
Washington Sq. C17, 116
Washington St. F20, 117
Water St. D20-F18, 117
Waverly Avenue C22, 118
Webb Avenue C1, 108
Webster Avenue E1-3, 109
Weeks Avenue D2-3, 109
West 100th St. AB9, 112
West 102nd St. AB9, 112
West 104th St. B9, 112
West 106th St. AB9, 112
West 108th St. AB9, 112
West 10th St. BC17, 116
West 112th St. BC8, 110
West 114th St. AC8, 110
West 116th St. BC8, 110
West 118th St. BC8, 110
West 11th St. C16, 114
West 120th St. BC8, 110
West 122nd St. C7, 110
West 124th St. C7, 110
West 125th St. BC7, 110
West 126th St. CD7, 110
West 128th St. C7, 110
West 12th St. C16, 114
West 130th St. A7, 110
West 132nd St. A7, 110
West 134th St. C7, 110
West 135th St. C7, 110
West 136th St. C6, 110
West 138th St. BC6, 110
West 13th St. BC16, 114
West 140th St. BC6, 110
West 142nd St. BC6, 110
West 144th St. C6, 110
West 145th St. BC6, 110
West 146th St. BC6, 110
West 148th St. BC6, 110
West 14th St. B16, 114
West 150th St. BC5, 110
West 152nd St. B5, 110
West 155thSt. B5, 110
West 156th St. B5, 110
West 158th St. B5, 110
West 15th St. B16, 114
West 160th St. B5, 110
West 162nd St. B5, 110
West 164th St. B4, 108
West 166th St. C4, 108
West 167th St. C4, 108
West 168th St. BC4, 108
West 169th St. C3, 108
West 170th St. C3, 108
West 172nd St. B4, 108
West 174th St. B4-C3, 108
West 176th St. C2-3, 108
West 177th St. A4, 108
West 17th St. B16, 114
West 180th St. B3-C2, 108
West 181th St. A3, 108
West 182nd St. B3, 108
West 183th St. C1, 108
West 184th St. B3, 108
West 186th St. B3, 108
West 188th St. B3, 108
West 190th St. C1, 108
West 19th St. B16, 114
West 201th St. B2, 108
West 204th St. B1, 108
West 205th St. B1, 108
West 207th St. B1, 108
West 212th St. B1, 108
West 215th St. B1, 108
West 21st St. B16, 114
West 23rd St. B15, 114
West 25th St. B15, 114
West 27th St. AB15, 114
West 29th St. AB15, 114
West 31st St. B15, 114
West 34th St. B15, 114
West 36th St. B14, 114
West 38th St. B14, 114
West 3rd St. C17, 116
West 40th St. AB14, 114
West 42nd St. AB14, 114
West 44th St. AB14, 114
West 46th St. AB14, 114
West 48th St. AB13, 114
West 50th St. AB13, 114
West 52nd St. AB13, 114
West 55th St. AB13, 114
West 57th St. B13, 114
West 58th St. B13, 114
West 62nd St. B12, 112
West 64th St. B12, 112
West 66th St. B12, 112
West 68th St. B12, 112
West 70th St. B12, 112
West 72nd St. AB12, 112
West 75th St. AB11, 112
West 77th St. AB11, 112
West 79th St. AB11, 112
West 82nd St. B11, 112
West 84th St. AB11, 112
West 86th St. AB10, 112
West 88th St. AB10, 112
West 89th St. B10, 112
West 90th St. AB10, 112
West 91th St. B10, 112
West 92nd St. AB10, 112
West 93th St. B10, 112
West 94th St. B10, 112
West 96th St. AB10, 112
West 98th St. AB9, 112
West Broadway D18-19, 117
West Burnside Avenue C2, 108
West Drive C10, 112
West End Avenue B12, 112
West Fordham Road C1, 108
West Houston St. C17, 116
West Side Highway A14-15, 114
West St. B17-C20, 116
West Tremont Avenue CD2, 108
Westchester Avenue F5, 111
Whitehall St. D20, 117
Willis Avenue Bridge E6-7, 111
Willoughby Avenue B23-E21, 118
Wilson St. B21, 118
Wyckoff St. A24, 118
Wythe Avenue B21, 118

Y
York Avenue E12, 113
York St. A22, 118

Orts- und Sachregister

Hier finden Sie alphabetisch aufgeführt alle in diesem Band beschriebenen Sehenswürdigkeiten und Museen, Hotels (H) und Restaurants (R). Außerdem enthält das Register wichtige Stichworte sowie alle Extras und MERIAN-Tipps dieses Reiseführers. Wird ein Begriff mehrfach aufgeführt, verweist die **fett gedruckte** Zahl auf die Hauptnennung im Band.

A

Abendunterhaltung 67
Algonquin (H) 12
America (R) 21
American Festival Café (R) 21
American Museum of Natural History 50
André Emmerich 57
Anreise 96
Antiquitäten 59
Aquarium 38
Arizona 206 (R) 21
Astoria 6
AT&T Building 49
Atlantic City 92
Auktionen 60
Ausflüge 88, 90, 91, 92
Aussichtsterrasse des Empire State Building (MERIAN-Tipp) 72
Autovermietung 102
Avery Fisher Hall 42

B

Ballett 67
Barbizon (H) 12
Bars 68
Battery Park **35**, 84
Battery Park City 35, 85
Bedford (H) 12
Beekman Arms (H, Rhinebek) 17
Bleecker Street 80
Botanischer Garten 75
Broadway 35
Brooklyn Heights 36
Bronx Zoo 75
Brooklyn 6
Brooklyn Bridge 35
Bücher 60

C

Café des Artistes (R) 21
Café Luxembourg (R) 21
Café Un Deux Trois (R) 21
Cafés 29
Caffè Reggio (R) 29
Canal Street 86
Carlyle (H) 12
Carnegie Delicatessen (R) 22
Carnegie Hall 72
Castle Clinton 35
Central Park 36
Centro Vasco (R) 22
Chanterelle (R) 22
Chelsea (H) 12
Chez Josephine (R) 22
Chin Chin (R) 22
Chinatown 6, **37**, 86
Chinesisches Museum 37
Chistopher Street 82
Chrysler Building 49
City Hall 44
Cloisters 50
Coffee Shop (R) 24
Columbia University 37
Coney Island 38
Consulate (H) 13
Cooper-Hewitt Museum 52
Custom House 84

D

David Tunick 57
Delikatessen 61
Dia Center for the Arts 57
Diamond Row 38
Diplomatische Vertretungen 96
Diskotheken 69
Doral Inn (H) 13
Dorset (H) 13
Drake (H) 13

E

East Hampton (Long Island) 88
Edison (H) 13
Einkaufen 58
Eisdielen 29
Ellis Island Museum of Immigration 52
Empire (H) 13
Empire Diner (R) 24
Empire State Building 38
Empire State Building, Aussichtsterrasse (MERIAN-Tipp) 72
Erotika 61
Essdolmetscher 30
Essen 18
Essex House (H) 13

F

Fahrräder 102
F.A.O. Schwarz, Spielwaren 74
Federal Hall National Monument 84
Feiertage 96
Fernsehen 62
Feste und Festspiele 97
Fifth Avenue 38
Finanzdistrikt 83
Flatiron Building 49
Flohmärkte 61
Fluglinien 99
Flugverbindungen 96
Four Seasons (R) 24
Freiheitsstatue 40
Frick Collection 52
Fulton Market 46
Fundbüro 99

G

Gage & Tollner (R, MERIAN-Tipp) 22
Gagosian 57
Galerien 57
Garden Café (R) 29

Garment District 40
Geburtshaus von F.D. Roosevelt (Hyde Park) 91
Geld 99
General Motors Building 45
Geschenke 61
Geschichte 104
Glas 61
Gold Coast (Long Island) 90
Grafiken 62
Gramercy Park 41
Grand Central 41
Grand Hyatt (H) 13
Greenwich Village 78
Guggenheim Museum 53

H

Halsey Homestead (Southampton) 88
Hamptons 88
Hard Rock Café (R) 24
Harlem 6, **41**
Hatsuhana (R) 24
Haughwout Building 46
Helmsley Middletowne (H) 13
Hifi 62
Hirschl & Adler 57
Holiday Inn Crowne Plaza (H) 13
Hotels 12
Hotels in der Umgebung 17
Hudson 91
Hudson Hotel (H) 14
Hudsontal 91

I

Il Cantinori (R) 22
Ileana Sonnabend 57
Informationen 94
Intercontinental (H) 14

J

Jazz 70
Joe Allen (R) 25
Journey's End (H) 14

K

Kaufhäuser 62
Kinos 70
Kitano (H) 14
Klima 101
Konzerte 72

L

La Côte Basque (R) 24
La Grenouille (R) 24
La Réserve (R) 28
La Ripaille (R) 28
Le Bernardin (R) 21
Le Cirque 2000 (R) 22
Le Colonial (R) 24
Le Périgord (R) 26
Le Relais (R) 27
Lederwaren 64
Leo Castelli 57
Lesetipp (MERIAN-Tipp) 8
Lincoln Center 42
Little Italy **42**, 86
Long Island 88, 90
Lower Plaza im Rockefeller Center 45
Low Memorial Library 37
Lutèce (R) 25
Lyndhurst (Tarrytown) 91

M

M. Knoedler & Co. 57
Mac Dougal Street 80
Mad. 61 (R) 25
Madison Avenue 42
Magnificent Christmas Spectacular 75
Manhattan 6, 9
Manhattan Ocean Club (R) 25
Marlborough 57
Mary Boone 57
Mayflower (H) 14
Medizinische Versorgung 100
Metropolitan Museum of Art 53
Metropolitan Opera 42, **73**
Militärakademie West Point 91
Mit dem Bus ins Mittelalter (MERIAN-Tipp) 52
Mitali East (R) 25
Monkey Bar (R) 25
Montauk (Long Island) 88
Montrachet (R) 25
Morgan Guaranty Trust Company 84
Morgans (H) 14
Morton Street 80
Mott Street 86
Mulberry Street 42, 86
Museum of Modern Art (MOMA) 54
Museum of Television and Radio 56
Museum of the American Indian 54
Museum of the City of New York 54
Museumshops (MERIAN-Tipp) 64
Musicals 73

N

Nanni's (R) 25
Nebenkosten 98
New York Botanical Gardens 75
New York Helmsley (H) 14
New York Hilton (H) 14
New York Stock Exchange 84
New York University 49
Night Court (MERIAN-Tipp) 68

O

Odéon (R) 26
Öffentliche Verkehrsmittel 103
Olana (Hudson) 91
Old Orchard (Oyster Bay) 90
Old Post House (H, Southampton) 88

Old Westbury Gardens (Long Island) 90
One if by Land, Two if by Sea (R) 26
Oper 73
Orchard Street 87
Orsay (R) 26
Oyster Bar (R) 26
Oyster Bay (Long Island) 90

P

Pace Wildenstein 57
Palio (R) 26
Park Avenue 43
Parker Méridien (H) 14
Petrossian (R) 26
Pickwick Arms (H) 14
Pierpont Morgan Library 56
Pierre (H) 16
Pierre au Tunnel (R) 26
Pig Heaven (R) 26
Planet Hollywood (R) 27
Planting Fields (Long Island) 90
Plaza (H) 16
Plaza-Athénée (H) 16
Polizei-Notruf 100
Porzellan 61
Post 100
Post House, Southampton (H) 17
Preisklassen (H) 12
Preisklassen (R) 21
Public Library 44

Q

Quality Inn (H) 16
Queens 6

R

Radio City Music Hall 45
Radisson (H) 16
Rathaus 44
Reisedokumente 100
Reisewetter 100
Remi (R) 27
Renaissance (H) 16
René Pujol (R) 27
Restaurants 21
Ritz-Carlton (H) 16
River Café (R) 28
Robert Moses State Park (Long Island) 88
Rockefeller Center 44
Royalton (H) 16

S

Sagamoor Hill (Oyster Bay) 90
Sands Point (Long Island) 90
Schallplatten 66
Schmuck 66
Serendipity (R) 29
Sex 73
Sheraton Manhattan (H) 16
Sheraton New York (H) 17
Shun Lee West (R) 28
Smith & Wollensky (R) 28
SoHo **46**, 86
South Street Seaport 46
Southampton 88
Spaziergänge 78, 83, 86
Spielwaren 66
Sprachführer 106
St. John the Divine 45
St. Luke's Place 80
St. Patrick's Cathedral 45
St. Paul's Chapel 44
St. Regis (H) 17
Stadtrundfahrten 101
Staten Island 46
Staten Island Ferry 46
Stromspannung 101
Sunnyside (Tarrytown) 91
Swifty's (R) 28

T

Tarrytown 91
Taxi 103
Tavern on the Green (R) 28
Telefon 102
Tempel von Dendur 54
Tenement Museum 86
The Russian Tea Room (R) 28
Theater 73
Theaterkarten 102
Time Café (R) 28
Times Square 48
Tribeca Grill (R) 29
Trinity Church 83
Trinkgeld 102
Tudor (H) 17

U

Unterkünfte 12

V

Vanderbilt Mansion (Hyde Park) 91
Vereinte Nationen 48
Verkehrsverbindungen 102
Video 62
Vong (R) 29

W

Währung 99
Waldorf-Astoria (H) 17
Wall Street 83
Washington Square 48
Washington Square Hotel (H) 17
Wechselkurse 98
Wertpapierbörse 84
West Broadway 46
Wetter 100
Whaling Museum (Sag Harbor) 88
Whitney Museum of American Art 56
Williamsburg 6
Willow Street 36
Windows on the World (R) 29
Wolkenkratzer 49
Woolworth Building 44
World Trade Center **49**, 85
Wyndham (H) 17

Z

Zeitungen 103
Zeitverschiebung 103
Zoll 103

Liebe Leserinnen und Leser,

wir freuen uns, Ihre Meinung zu diesem Reiseführer zu erfahren. Bitte schreiben Sie uns, wenn Sie Berichtigungen und Ergänzungsvorschläge haben oder wenn Ihnen etwas besonders gut gefällt:

Gräfe und Unzer Verlag, Reiseredaktion, Postfach 86 03 66, 81630 München
E-Mail: merian-live@graefe-und-unzer.de

Alle Angaben in diesem Reiseführer sind gewissenhaft geprüft. Preise, Öffnungszeiten usw. können sich aber schnell ändern. Für eventuelle Fehler übernimmt der Verlag keine Haftung.

Redaktion:
Ewald Tange für content publishing
Kartenredaktion:
Reinhard Piontkowski

Bei Interesse an Karten aus MERIAN-Reiseführern schreiben Sie bitte an: iPublish GmbH, geomatics, Berg-am-Laim-Straße 47, 81673 München, E-Mail: geomatics@ipublish.de

Gestaltung: Ludwig Kaiser
Karten: MERIAN-Kartographie
Produktion: Helmut Giersberg
Satz: content publishing
Druck und Bindung: Appl, Wemding
ISBN 3-7742-5994-1

Fotos:
Alle Fotos M. Thomas, außer
F. M. Frei 15o, 15u, 27, 47m, 76/77, 34 39o, 47o, 47u, 81;
P. Gebhard/laif 23u, 43, 49, 51u;
H. Hamann 63m, 63u, 74, 89m;
D. Krüll/laif 71o; T. Nagy 4/5;
A. Neumann/laif 15m, 39m, 71m, 71u;
M. Radkei 89o; Th. Stankiewicz 32/33, 94/95, 92, 85;
Transglobe Agency 10/11, 18/19, 23o, 29, 39, 89u

Gedruckt auf Luxokay
von Schneidersöhne Papier.

Auflage	5.	4.	3.	2.	1.
Jahr	2005	04	03	02	01